阅读成就思想……

Read to Achieve

如何说，别人才会听进去

打造高质量沟通

［英］保罗·麦吉（Paul McGee）◎ 著　朝夕 ◎ 译

How to Speak So People Really Listen

The Straight-Talking Guide to
Communicating with Influence and Impact

中国人民大学出版社
·北京·

图书在版编目（CIP）数据

如何说，别人才会听进去：打造高质量沟通/（英）保罗·麦吉（Paul McGee）著；朝夕译. -- 北京：中国人民大学出版社，2022.1

ISBN 978-7-300-30115-0

Ⅰ.①如… Ⅱ.①保…②朝… Ⅲ.①演讲—语言艺术 Ⅳ.①H019

中国版本图书馆 CIP 数据核字（2021）第 279193 号

如何说，别人才会听进去：打造高质量沟通

【英】保罗·麦吉（Paul McGee）

朝 夕 译

Ruhe Shuo, Bieren Cai Hui Tingjinqu: Dazao Gao Zhiliang Goutong

出版发行	中国人民大学出版社	
社　址	北京中关村大街 31 号	**邮政编码**　100080
电　话	010-62511242（总编室）	010-62511770（质管部）
	010-82501766（邮购部）	010-62514148（门市部）
	010-62515195（发行公司）	010-62515275（盗版举报）
网　址	http:// www. crup. com. cn	
经　销	新华书店	
印　刷	北京联兴盛业印刷股份有限公司	
规　格	148 mm×210 mm　32 开本	**版　次**　2022 年 1 月第 1 版
印　张	5.75　插页 2	**印　次**　2022 年 1 月第 1 次印刷
字　数	99 000	**定　价**　59.00 元

在工作和生活中，你免不了要与他人沟通。你在沟通方面可能做得很出色。但是，沟通其实很难做好，不是吗？毕竟，每个人的优势和个性都不一样。你喜欢的，他人不一定喜欢。因此，要想成为一名沟通高手，最重要的是要调整你的心态和需要沟通的信息，以便让他人产生共鸣。

保罗将揭示出你在沟通中可能存在的问题，并传授合适的策略来帮助你改进沟通方式，成为沟通达人。事实上，你只需要花几个小时就能做到。

本书将带给你的影响

想象一下，每当有人与你交流时，你身体的某个部分就仿佛焕然一新，这说明身体的这个部位受到的影响最大。如果有人教了你一些新的东西，你就会变得比以前更聪明，可以说你拥有了焕然一新的大脑。如果有人给你讲述了一个让你感觉不一样的情感故事，那这就是一次焕然一新的心灵沟通。

我发现大多数商业书籍无非就是两类，要么给你一个焕然一新的头脑，要么给你一颗焕然一新的心灵。你可以阅读、学习并且欣赏这些书，但这样做是远远不够的。

毕竟，如果我们做的所有事情都千篇一律，那么我们变得更聪明或者更幸福的意义何在呢？本书将教会我们以不同的方式去行事。

本书将提高你的沟通能力

保罗将用他所有的经验给予你全新的帮助，目的是改善你的沟通方式。你不仅能从中学到一些技巧，而且他的每条建议和每个技巧，你都能轻轻松松即学即用。

本书的每一章末尾都有总结，保罗会鼓励你把注意力集中在你阅读后会采取的一个关键行动上。通过阅读本书，你将获得 20 个全新的沟通技能。

我建议你准备好三样东西。

❶ 一支笔。记录下你的行为。

❷ 几张纸。把要记的东西写在纸上。

❸ 一杯水。也许你在阅读本书的过程中会迷失自我，没关系，喝杯水。这样，你就不需要中断阅读了！

我已经阅读过无数本关于沟通的书了，而且我自己也写过几本。不过，我依然认为这本书是最好的，因为书中的一些内容能更好地帮助你进行沟通。这也是本书作者唯一的目的。

安迪·邦兹

沟通专家、作家以及获奖顾问

目 录
CONTENTS

第三部分
很高兴你提问

为什么沟通如此重要

我们都会讲话，但难就难在如何让人们真正听进去。

想象一下这样一个场景：你努力想得到一份新工作。在结束了漫长的申请流程后，你激动地接到了第一个电话面试。电话面试进展得很顺利，你进入了下一个环节。此时，你更兴奋了。你为现场面试做了充分的准备。

然后，面试通知来了。你成功地进入了面试流程的最终环节。在你所应聘的公司的总部进行的第二轮面试中，你需要发表一段 10 分钟的演说。

你为最后一轮面试制订了计划，成败就在此一举了。你感觉你多年的学习和付出很快就要得到回报了。

你现在距离成功就差演讲这一关了。你以前从未接受过任何与演讲相关的培训或者指导，但是你肯定在台下看过无数场演讲。你知道，演讲要有一个礼貌且正式的开场白。

你需要在你的第一张幻灯片上列出足以概括你的目标的主要观点。之后的幻灯片上要有背景概述，内容主要包括三个部分：第一部分包括对公司的概述以及你的理解；第二部分是应聘的职位和你具备的相关职业技能；第三部分是概括和总结。最后一张幻灯片上面应该写上："谢谢。还有什么问题吗？"

也许你很喜欢制作幻灯片。你已经把所有的具体内容都写在了幻灯片上，如果面试官错过了任何内容，他们可以随时返回查阅。

你做好了充分准备。你要努力争取这个决定一生的机会，毕竟招聘单位说你在笔试中表现得最优秀。你的专业背景和经验也非常符合他们的要求。

很快，两周过去了。有人获得了这份工作，可惜那个人并不是你。你一定很失望。问题到底出在了哪里呢？简单来说，坏就坏在了你的演讲上。

你求职失败了。虽然你的幻灯片上的内容绝对超过了别的应聘者的，但你没有和面试官进行充分的交流。

面试官觉得他们没有了解到真正的你。他们感觉你只是在机械地讲述你对公司的认识，无法和他们进行真正的沟通。他们在你开场的 90 秒内就觉得你不是合适的人选。你接下来的演说也并没有改变他们对你的第一印象。

你看起来很聪明，很专业，但是有点木讷。你很有礼貌，清楚地了解公司的情况和招聘岗位的要求。但是，你忘了致谢。面试官见过许多这样的人。

你需要从众多求职者中脱颖而出，你需要立刻抓住面试官的注意力，你需要传递出你的能量，让他们了解你真正的实力。但是，这些你统统没有做到，结果就是你只能跟理想的工作说再见了。或许，这注定不是你的工作。

~~~~~~~~

如果你平淡无奇，那么肯定会被埋没。

~~~~~~~~

相信我，世界上每天都在上演着同样的故事。每个人所处的背景不同，所以过程也可能不同，但是结果都是一样的——有能力、有经验的人因自己无效的沟通而在竞赛中输掉了。你怎么就能确定自己不是那个会输掉的人？

你可能不需要为了工作面试而准备重要的演说。你可能是一位希望人们支持你的事业的慈善工作者；可能是一位想方设法吸引和激励员工的管理者；也可能是一名想要对不同年龄段的人产生影响的教师或教练。或者，你可能想说服老板对一个特殊项目采取新方案；或者，你可能被要求在会议上向同行发表演说；又或者，你热爱政治，想说服其他人相信你的观点将能最好地影响社会。

无论哪种情况，现实都不容乐观。你可能拥有专业技能和工作经验，拥有职业热情和专业精神，拥有能力和人脉，却缺少一样关键的东西，即用一种吸引人的方式传达信息，使听众愿意正襟危坐，集中注意力听你演讲的能力。

你影响他人、创建你的事业和实现个人目标的能力取决于你与他人沟通互动的效果。最近，我的一位同事受邀参加一个专家小组，该专家小组负责审批三年共计9万英镑的研究经费。所有申请人都会被要求展示一下他们的方案，以争取拿到这笔经费。最终，这9万英镑研究经费并没有被批给方案最好的申请人，而是批给了演说最有说服力的申请人。这件事非常值得我们深思。9万英镑真不是小数目。

其余的申请者之所以没有获得这一大笔钱，是因为他们没有有效地传达自己的信息。相信我，有效沟通真的很重要。它对你和你未来的成功都很重要。

因此，你要永远记住，记歌词并不能让你成为一名优秀的歌手，掌握了某方面的专业知识也不足以让你成为一位优秀的演讲者。

这里有一个既残酷又悲哀的事实。尽管有些人的观点被众人认为颇具攻击性，但是他们的声音恰恰被听到了，被注意到了。这不单单是因为他们讲述的内容本身具有吸引力，还得益于他们传达信息的能力。政治家善于让人们支持他们的观点，因为他们知道如何说服他人。很多因素和技能在沟通中都可以发挥作用，但是如果政治家们无法有效地沟通，他们的影响力就会微不足道，他们的声音也不太可能被听到。

这对你有什么具体影响呢

如果不能有效地沟通，你可能就会错失晋升机会，或者失去新的工作机会，抑或是无法成功地拓展新业务，而这一切并不是因为别人比你更优秀或者比你知识更渊博。你之所以输了，是因为他们拥有更有效的、更有说服力的沟通技能，他们比你更知道如何推销自己或自己的服务。

这就是为什么我认为培养沟通技能至关重要。掌握了这项技能，你就能成功地吸引别人的注意，与他人更好地相处，并在生活中取得进步。要知道，生活并不总是公平的，这是一个残酷的事实。我们并非都处于一个公平竞争的环境中。好消息是，我们所取得的结果可能会受到一系列因素的影响，拥有精彩信息的人也未必能吸引观众真正地倾听他们。

你还要拥有与他人有效沟通的能力。这就是为什么许多政治家和来自各个领域的领导者会花费大量的时间和精力，来提高自己的沟通能力。你是否也决定这样做呢？

本书的精华

当我们探讨一系列想法和见解时，我希望你能参与进来，想一想你想提升自己哪方面的沟通能力。也许你想提高你和顾客、同事，甚至是孩子之间的沟通能力；也许你想提高自己面对一大群听众演讲的能力，或者是提高主持一个会议或者是与另外一个人交谈的能力。无论是什么情况，无论听众有多少，你都可以找到相应的想法和见解，将你的沟通能力提升到一个新的水平，同时提升你的影响力。

要注意的是，不管你以前是否听说过其中一些观点，也不管你是否认为自己读到的东西"只是常识"，你都要弄清楚"你要用它做什么"。我希望通过阅读这本书，你可以获得一些有用的想法，即使是那些最简单的"常识"也能帮到你。

这里有一点值得记住：只有当你读过之后，才能更清楚地看到"常识"的作用。

还有一点要注意。不要认为这本书纯粹只是为了提升你的智力，帮你积累一些知识。如果这是你阅读这本书的唯一目的，那么你很可能会失望。实际上，不管你现在有没有经验，这都是一本帮助你成为更好的沟通者的指南。

如何知道它真的有效

我知道这本指南是有效的，并且相信它会对你产生影响。如果你使用了书中的技巧，就一定会认同我的看法。

1989 年 4 月，那时你甚至可能还没有出生，我领取了伤残津贴。当我能再次走路时，不得不用上了拐杖。但大部分时间里，我足不出户。我失去了在一家大型跨国公司的前程似锦的工作。这是为什么呢？因为我患上了一种俗称慢性疲劳综合征的疾病，即肌痛性脑脊髓炎（ME）。

当时，80% 的医生都认为这不是一种真正的疾病。不过，还有一些医生持怀疑态度。我自己的医生就是其中之一，他建议我去利物浦看心理医生。说实话，那段时期我内心充满了煎熬和屈辱。

我的病痛持续了将近三年，期间我努力让自己的状态达到了可以做兼职的程度。尽管如此，我还面临着一个又一个挑战。没有人会雇用我，毕竟我体检不过关。因此，我不得不开始自己创业。

我的全球总部位于沃灵顿郊区的一个小房子里，工作室兼做卧室。我工作第一年总共赚了2300英镑。那是我一整年的收入。那一年，我的税单金额相当少。事实上，根本不存在税单。

我的会计抛弃了我，他觉得我是在浪费他的时间。尽管以这样的方式开始并不是一个好兆头，但情况确实在逐渐好转，我的培训与发展业务有所增长。随着时间的推移，我的业务开始涉及会议和团队活动发言。人们开始称我为励志演说家。

这时我面对的一个挑战是，我并不是什么名人（除了在我妈妈眼里）。我从未攀登过珠穆朗玛峰，没有独自环游过世界，没有去过北极，未曾战胜过癌症，更没有失去一条腿或者赢得过一枚金牌。

我只是一个普通得不能再普通的人，作为一名演讲者，我不仅要与其他各个领域的名人竞争，还要与医生、教授和身家数百万的商人竞争。我只是一个身高略低于平均值的曼彻斯特人，奇怪地支持布拉德福德和维冈竞技（说来话长），还写了一本名为《创造与享受美好生活指南》(*Shut Up, Move On*)的书。

尽管如此，我做得还不错。我在全世界很多地方都演讲过。从博尔顿到巴厘岛，从洛奇代尔到雷克雅维克，再从托德莫登到德黑兰，截至目前，我已经为 40 个国家超过 25 万人做过演讲。有些人愿意自掏腰包听我演讲，有些人则是被老板派来听我演讲的，显得不是很情愿。

我的背景是如此普通，一点也不引人注目，我怎样做才能成功地发展演讲事业呢？显然，其他人的支持至关重要。我也不否认运气的作用。我的书显然提高了我的知名度，但是并没有让我变得特别有名。于是我还在另外两件事上付出了巨大的努力。一是我的信息，即我实际要讲的内容。对我来说，内容至关重要。二是传达信息的方式。有时候，这会带来困扰。但是，我也收获了一些回报。在这本书中，我很少借鉴学术理论，而是更多地讲述实际经验和例子。这些经验和例子无论是对于我，还是对于同领域的其他人都很有帮助。我将分享一些你可以用来提升自己的一些见解、想法和实用工具。你可以即学即用。

你可能无意把励志演说当成事业发展，没关系，只要你需要进行沟通，你就能用得上本书的内容。每个人都需要和别人沟通，但是能让人真正听进去却有一定的难度。好消息是，这本书会为你提供帮助。

三个"R"如何起作用

就你将要学习的东西而言，值得反思的是以下这三个
"R"。

第一个"R"代表强化（reinforced）。这里有一些你
已经了解的观点。要知道，安迪·默里（Andy Murray）
仍一直在练习网球，他在不断地提高自己的球技。这是一
个值得拥有的优秀品质，强化你已经知道的东西绝对是值
得的。

第二个"R"代表提醒（reminder）。我们探讨的一些
观点你以前可能听过，但并未实践过。我想提醒你的是，
要确保你掌握的知识可以真正改变你与他人的沟通方式。

第三个"R"代表揭露（reveal）。无论你的经验多么
丰富，我相信你即将探讨的东西，有些对你来说是全新的。
你会发现一些你之前从未考虑过的新见解和观点。

这本书是如何编写的

坦率地说，这本书力求做到通俗易懂，或许偶尔会流
露出些许幽默感。你会看到一些引语，这些引语会以一种
简短而难忘的方式把我的信息表达清楚。在每一章末尾都

有一个栏目，叫作"我的总结"，提示你阅读该章后可以采用的一个行动或者见解。你也会看到一些"暂停思考"的提示。实际上，有时候停止阅读，花点时间反思你刚刚阅读过的内容以及如何使用这些内容是有好处的。

我也倾向于交替使用"演说"和"演讲"这两个词语。当然，这些词语并不总是与你的沟通方式相匹配，你可以根据自己的具体情况调整所用术语。

我把这本书分成三大部分。第一部分着眼于沟通的七宗罪。第二部分讲述让人们真正听进去的八大沟通方式。第三部分探讨我被问到的关于演讲沟通的三大问题。

读完之后，你会获得一个工具包，你可以采用里面的观点和行为。其中一些比其他的相关性更强，使用更频繁。在工作场所内外的各种场景中，我们都少不了与人沟通。你要使用适合你情况的方法，但是其他方法也要注意——你永远不知道自己什么时候会需要它们。

好吧，我想我们准备好了。让我们从沟通者在表达信息时最常犯的一些错误开始，一起开启我们的旅程吧。我很好奇，有多少错误你偶尔犯过并可能看见别人也犯过？让我们来找找答案。

01

第一部分
沟通的七宗罪

How to Speak So People
Really Listen
The Straight-Talking Guide to
Communicating with Influence
and Impact

罪状 1 你的信息缺乏吸引力

维姬很兴奋，可以说是极度兴奋。她的一位朋友为她争取了一个参加公司员工大会的机会，一位前奥林匹克运动员将在会上发言。他们公司可是花了一大笔钱邀请这位名人来给 300 多名员工做演讲。

活动结束一周后，我见到了维姬。作为一名专业演讲者，我很想听听这位名人带来的影响和他的信息对听众有什么帮助。

"维姬，他演讲得怎么样？"

维姬回忆这位运动员的演讲时，看上去神采飞扬。

"他帅极了，所有女人都会立刻爱上他。事实上，连男人也可能会爱上他。"

"有意思，"我说道，"但是你从他的演讲中得到了什么？"

"嗯，"维姬继续说道，很显然，当她重温这段经历时，她很兴奋，"如果你有耐心，你可以等演讲结束后跟他和他的奥运奖牌合个影。"

"维姬，这真是棒极了，但我想问的是，你从他的演说中收获了什么？"

维姬停顿了一下，最后回答说："这很难说。我记不清了，但我知道他真的很棒。"

她的话让我陷入了沉思。我们是不是经常听到一条信息却又很快会忘记？有时候，如果说话者的信息仅仅是为了娱乐，那或许可以接受。但如果不是呢？如果你有一个重要的信息要传达，需要人们记住，那你该怎么办？问题是我们常常忙于把注意力集中在要讲的内容上，以至于没有花时间去思考如何用一种能让人们记住的方式把信息说出来。

作为一名沟通者，你面临的挑战不是听众的注意力持续时间很短，而是他们的注意力不断地被信息和分散注意力的尖叫声——"听我说"轰炸着。指望以一种可能不那么吸引人的方式讲一次话，就让人们记住你的信息，无疑是天真的或傲慢的。

广告商知道他们需要吸引你的注意，所以会以一种令人难忘的方式来传达它们的信息。毕竟，如果你当时记不住广告的关键信息，那么企业投资广告又有什么意义呢？它们知道引起你的注意只是开始，它们更需要你记住它们的信息。

作为沟通者，这对我们来说至关重要。你有没有听到过这样一句话：人们不会记得你说过什么，但他们会记得你让他们有怎样的感受？这样的表述在某种程度上有失偏颇。当我们与他人交流时，我们的目标难道不是让他们记得我们给他们的感受以及我们说的话吗？

我们需要学会如何用魔术贴来传达我们的信息，而不是用特氟龙来覆盖信息。

对史蒂夫·乔布斯来说，让信息具有吸引力并且令人难忘是他的首要任务。这就是为什么当他想要你记住某件事情时，他会一遍又一遍地重复。重复有助于记忆。如果有人说"史蒂夫，你之前提到过这个"，他根本不会介意。他知道自己在重复。但是，他直觉上还知道以下这一点。

要想你的信息被成功地传达，就需要重复几次。

重复很重要。我们将在整本书中探讨更多的方法，但是先让我来分享一个我曾经使用过的方法，这个方法可以使信息具有吸引力并且令人难忘——使用视觉语言和有趣的语言。事实上，人们越频繁地听到使用过多或者太过熟悉的词语，随着时间推移，人们在听到这些词时往往越容易"左耳朵进右耳朵出"。

我在《创造与享受美好生活指南》一书中探讨了一些SUMO原则。如果以一种更熟悉的方式表达，那它们可以被表述为：

❶ 承担责任；

❷ 保持积极的态度；

❸ 设定目标。

不过，我是以一种大家不太熟悉的方式来表达每个原则的：

❶ 更换你的 T 恤；

❷ 培养有趣的思维；

❸ 甩掉倒霉的一天

陌生的表达方式容易吸引我们的注意力。通过重复，信息会被记住。

下面是我使用上述策略的另外一种方法。

我的名字叫保罗·麦吉，这个名字其实没有什么特别的。我充其量只是偶尔出现在媒体上，而且与许多励志演讲家相比，我的人生故事相当平淡无奇。

但是，我的品牌名"The SUMO guy"，让我被记住了。它引起了人们的注意。因为它会立刻让人们的脑海中浮现出一种视觉形象并产生兴趣。事实上，我并没有穿着相扑服或者超大丁字裤在舞台上昂首阔步。这可能会让一些人略感失望，但对大多数人来说可能是一种解脱。不管怎样，我的品牌名令人难忘。

SUMO 代表"Shut Up, Move On"，它是这四个单词首字母的组合，这样的解释也可以让我被记住。这个词很简短（事实上，这个词经常被用来指代我）。正是因为它很简短，也显得与众不同，令人难忘，所以可以一直留在人们的脑海里。

现在，放轻松。我不是建议你必须想出一些稀奇古怪的方式来传达你的信息。我只是简单地分享了一个对我有用的策略。你可以在书中学到更多的方法。尽管你所处的环境可能与我的大相径庭，但是你可能想思考一下，如何用新奇的语言来表达一些众人皆知的想法。

我想要强调的是：有一个好的信息是一回事，把它记住则完全是另外一回事。

停下来思考

思考一下你与他人沟通的方式。你的方法会被认为是无聊的或乏味的吗？你总是用常见的方法讲一些事情吗？如果不是，那就太好了；如果是，那么或许是时候更新你的风格了。琢磨一下如何让你的信息富有吸引力并令人难忘吧。相信我，你会找到很多方法。事实上，我已经给了你两个建议。第一，重复——准备用不同的方式重复你的信息。第二，使用新奇的语言，这样能引起人们的注意并让他们想了解得更多。

我的总结

如果你想把注意力集中在我们简单探讨过的一个观点上，以使你的信息更有吸引力并令人难忘，那么你会选择哪一个？

1. 多次重复。
2. 使用新奇的语言来传达一个熟悉的想法。

罪状 2　让人们陷入细节之中

有时候，我们的沟通之所以遇到困难，是因为一些内容在传达中丢失了。这种情况时有发生。还有一个原因是，有时候，我们的意思会在信息传播中丢失。换言之，我们交流的细节太多，以至于人们很难掌握所有的内容，更别提记住了。

过多细节会导致听众大脑中的信息超载。当发生这种情况时，实际上你已经把信息中的宝藏埋藏在了内容的海洋中，你的关键信息会丢失。此时，人们会感到精神疲惫，哈欠浪潮会迅速席卷整个房间。

承认吧，你肯定参加过这样的会议，我就参加过。几年前，我在美国佛罗里达州奥兰多参加了一场会议。会议上有一位演讲者有 20 分钟的时间谈论领导力。碰巧他写了一本关于领导力的书，书名为《领导力十二定律》（ *The Twelve Laws of Leadership* ）。我满怀期待地坐到了后面。

现在看来，20 分钟的时间是合理的，但是不一定能让他足够深入地讲解他的 12 条领导力定律。不管怎么样，他试图这样做了。整个演讲变得和听建筑工人把产品册子上一长串不同型号的螺丝钉名称读出来一样乏味。

猜一猜他所说的 12 条定律中，我记住了多少？说真的，我一条也没记住。很简单，填满 20 分钟时间段的内容让我的大脑无暇应付，而且演讲者貌似根本不在乎他的话是不是吸引人或者令人难忘。

如果他说"我写了一本书，名为《领导力十二定律》，今天我想探讨其中的三条定律"，那么可能更为有效。我不但更可能记住他说的内容，而且我也可能会去买他这本书来了解其余九条定律是什么。

说得越少，影响力越大。现在，记住这一点很关键。作为沟通者，接受这个建议至关重要。

当然，细节很重要。我并不是建议把内容简化到没有意义或者没有影响力的程度。人们不会对包含很少事实或者不含任何事实的模糊的陈词滥调做出回应。问题并不是我们不应该讲述细节，而是我们不应该用细节去压垮人们。

一场涵盖一切的演说通常会让人一无所获。你一定要问的问题（我们稍后会对这个问题进行更详细的探讨）

是：这群特定的观众需要多少信息和什么程度的细节？假如你在财务部门工作，需要向你的老板汇报公司目前的财务状况，相比与一群非财务部门同事交谈，你会讲得更详细。

要想让人们真正听进去你的演讲，你需要在沟通时摒弃"一刀切"的做法。

例如，有人沉迷于如何传达自己的信息，并差点把听众淹没在细节中。肯恩·西格尔（Ken Segall）在他的《原来苹果这么简单》（*Insanely Simple*）一书中回忆了他与苹果公司合作时担任营销主管的情况。营销团队在审查 iMac 广告内容时遇到了挑战。要在电视上播放的广告只有 30 秒，但史蒂夫·乔布斯觉得有四五条重要的信息需要传达。包括西格尔在内的营销代理团队不同意他的做法。他们认为如果包含的点太多，听众就会一个都记不住。

乔布斯没有让步。之后，代理团队的一个成员李·克劳（Lee Clow）做了一件事，这件事吸引了乔布斯的注意，同时有力地阐明了自己的观点。他将一张纸撕成了五片，并把它们揉成了五个纸团，然后把其中一个扔给了史蒂夫·乔布斯。乔布斯一下子抓住了这个纸团，然后又把纸团扔了回去。接着，克劳把五个纸团同时扔给了乔布斯，这次乔布斯一个纸团也没有抓住。

李·克劳的观点很简单。你要求人们关注的东西越多，他们记住的就会越少。乔布斯理解了这个观点，并同意把原来计划做的广告改成更简单的。

当你说得太多时，听众收获的就会很少。

当与他人交流时，我们常常会忘记以上这一点。

我们的大脑很容易疲劳。倾听实际上是一项艰苦的工作，长时间努力掌握和保留大量信息会让大脑精疲力竭。脑细胞消耗的能量大约是身体其他部位细胞的两倍。大脑可能不重，但与身体的其他部位相比，它需要大量的能量来运作。如果给大脑太多难以理解的信息，就会让人们感到昏昏欲睡。

下次你要举行团队会议、上课、做演讲或谈话时，请记住这一点。

你的沟通往往会从简单的方法中受益。说得越少，影响力越大。

如果你确实有很多信息要讲，不要试图连续表达信息。就像在前菜、主菜和甜点之间有一段自然的休息时间，可以让我们享受一顿美餐，大脑和胃一样，也需要休息。

如果人们胃里塞了太多的食物，那么一顿美味的饭菜可能就会被毁掉——这个道理同样适用于沟通。所以，留些时间给人们来消化你的信息，而不是把更多的内容塞进他们的大脑里。如果你不这样做，那么你可能不会让他们感到恶心，但确实可能让他们厌倦听你说话。

残酷吗？或许吧。我参加过的很多会议，人们非但没有被讲话者吸引，反而看上去一副生无可恋的样子。要知道，一个伟大的沟通者之所以伟大，往往取决于他们没有说什么。他们认识到不可能每个人都像他们一样迷恋细节，而且说得太多可能会助长他们自我膨胀，但几乎不能满足听众的需要。多说也并不意味着你对你讲的主题有了更深的见解。它总是意味着你的讲话会显得更加无聊和冗长。

请记住：你的目标是能让人们把你的演讲真正地听进去，而不是使你的演讲让人印象深刻。

停下来思考

你有时会犯这样的错误吗？如果是，那就放轻松，因为你很快就能掌握避免这些错误的方法了。本书第二部分有一些关键的章节非常有用，可以帮助你避免再犯这类错误。

你一定要特别注意"清楚沟通目的"和"整理结构"这两章，你会在这两章里发现一些很好的建议，它们有助于你阐明信息，并以一种清晰准确的方式安排信息。你还会发现，探讨我们在沟通中可能会犯的错误，有助于我们确定人们在倾听时到底需要多少细节。

我的总结

记住这个关键点：说得越少，影响力越大。

如果你想让沟通具有影响力和冲击力，请记住这种简洁的方式。

罪状 3 未考虑或者理解听众的需求

这是一个常见的陷阱，一个人们常犯的错误。在某种程度上，你甚至不认为这是一个大问题。相信我，这绝对是一个大问题。

我们往往太过关注要说的内容，以至于忘了把注意力集中在听我们讲话的人身上。要知道，以一种很好的方式发表一篇伟大的演讲是可能的，除非你面对的听众与你所说的内容不匹配。如果你要产生影响力，那么演讲内容和听众必须是相关的。

如果你不调整自己的信息，就无法很好地传达信息。

不知道你的听众在哪里以及他们需要什么，就像把灭火器扔给溺水的人并希望会有帮助。

很明显，考虑讲什么内容至关重要；但是请记住，你的演讲对象是人而不是真空。因此，你对观众的需求、优先事项和关注点了解得越多，你就越能为他们量身定制信息。

这些年来，我遇到过一两个特别挑剔的客户。其中一个客户特别难缠，他要求我在演讲中不要表现出幽默感。这相当于让我停止观看足球比赛或者不要吃带有蛋黄酱的大块薯条，我根本做不到。

不过，我遇到的最具挑战性的客户往往是下面这类人：当我给他们打电话讨论我的演讲内容时，他们要么会给我一个特别费解和复杂的答案，要么给出的答案特别模糊，以至于我还不如让一个两岁的孩子来给我解释什么是量子物理学。

尽管有这些经历，但是面对这类问题，我的应对仍然算不上聪明。事实上，我对听众的了解越少，就越难针对他们定制信息。

演讲内容是关于听众的，而不是关于你的。如果你想与他人成功地沟通，那么无论你面对的是一位还是多位听众，认识并记住这一点很重要。

如果你只关注你的信息而没有考虑过听众是谁，那你就已经大大降低了你影响听众的能力。你的演讲应该从"我在和谁谈话"开始，然后再说清楚你要讲的内容。这意味着你要先聆听再讲话。你要倾听同事、客户和任何一位能帮助你更了解听众的人。相信我，倾听并不是与生俱来的天赋。实际上，倾听是一种需要培养的技能，你只有通过练习才能掌握它。

现在，当我说"倾听"时，并不意味着什么都不说。鹦鹉不讲话，但它不是一个优秀的倾听者。所以，沉默不总是金。它可能意味着你就是不听，或者只是在等着轮到你说话而已。

因此，如果你想好好地听并对听众有更多的了解，那就提一些问题。你要问一些有助于发现他们问题的问题，以便你能针对他们的情况演讲，而不只是空谈。即使你很了解听众，仍然要考虑问听众以下几点：

- 目前你的情况怎么样？
- 现在对你来说最重要的是什么？
- 你认为目前你面临的三个挑战是什么？
- 你的事情进展顺利吗？
- 你对我的话题有哪些了解（这很关键。如果你讲得过于简单，就会失去信誉，显得傲慢）？
- 如果我现在能帮你做一件事，你希望是什么？

现在，先问问自己这些问题，然后再说"好吧，它们是相当明显的问题"。你多久问一次或者至少考虑一次这些问题呢?

显然，如果你在和一大群听众讲话，那你不可能问所有人这些问题，但是你或许可以问一两个人。在最糟糕的情况下，如果你无法事先与任何人交谈，那么你仍然可以对其中一些问题的答案做出有根据的猜测。

简单地问自己：“如果我处在他们的位置，那么我可能会问一些什么问题呢？”这会影响你调整信息的方式。了解你的听众也意味着你可以决定是否在你的谈话中使用行话。如果他们懂技术，那么他们就可能希望你“说说高科技”。但并不是每位听众都是这样想的。这就是为什么你需要反思这些问题。

请记住，人们关心自己，关心自己所处的世界、自己的生活以及自己最亲近的人。你对他们的世界和他们的需求了解得越多，就越容易与他们建立起联系，而且他们也越可能听你的。因为你的演讲内容与他们是相关的，你正好挠到了他们的痒处。

停下来思考

在你与听众沟通之前，你有多重视听众并试图理解他们的需求？反思之前的六个问题，哪两个问题最有帮助？如果还有一个问题值得添加到清单上，那会是什么？

我的总结

想要演讲具有影响力吗？了解你的听众，而不仅仅是你的信息。

罪状 4　关注特点而不是推销好处

我不太可能见过你的一些演讲对象，但是有件事我完全可以猜到。当你站起来（或坐着）发表演讲、教授课程或者主持会议时，听众在潜意识里会问他们自己一些问题：

● 我为什么要在乎这个？

● 这个为什么很重要？

● 这对我有什么影响？

有时候，我们没能清楚地说明这些问题的答案，却又在想为什么我们没能吸引住观众或者获得我们想要的效果。

有时候，我们在更具社交性的场合交流，也许只是在与朋友谈论一些琐事。我不是说当你讲话时，这些问题是每个人最关心的问题。但是请相信我，他们肯定一直都在思考这些问题。我们每个人都是这样的。如果你不直接或间接地回答这些没有讲出的问题，人们的注意力就会转到别处。结果会如何呢？非常简单，你肯定无法与你的听众建立起联系。

你看，无论你喜欢与否，我们都要推销。对你们中的一些人来说，这是显而易见的。对其他人来说，也许并不是那么明显。有时我们确实不得不把自己和自己的想法推销给别人。想想看，在日常生活中，你可能不得不影响别人，包括你的客户、同事以及朋友和家人。如果你有孩子，你就会知道你需要在多大程度上影响和说服他们——尽管你可能更常把这称为乞求和贿赂。

但是，由于我们常常不认为自己是在推销信息，所以就会陷入一个陷阱，即只专注功能，而不是我们说的内容能带来什么好处。

例如，我曾和一家公司的总经理谈话，她有意雇用我。她的一位员工听过我的演讲（我很幸运），回去后对我赞赏有加，该公司的总经理很想多了解一点。

"那么，你说了什么呢？"她问。

我的回答是："哦，我讲了一个公式，叫作 E+R=O。这个意思是，影响结果的不是事件，而是我们的反应方式。我还谈论了克服错误思维和培养有益思维的必要性。我通过研究七个问题来做到这一点，其中包括'这个问题在 1 ~ 10 的范围内排第几……10 等于死亡吗'，我还谈论了一个 SUMO 原则，叫作记住沙滩排球。这是指两个人看着相同的东西，也就是沙滩排球，一个人看到的三种颜色和另一个人看到的颜色不同。一个人看到的是蓝色、白色和绿色，而另一个人看到的是红色、黄色和橘色。"

这位总经理说他们会考虑我概述的内容，并会与我联系的。但是，我再也没有收到他们的消息了。我的问题是：我不仅让他们淹没在了细节中，而且细节本身也不是特别有吸引力。我在干什么呢？我谈论了我的 SUMO 信息的特点，而不是好处。

如果我推销我的信息的好处，而不仅仅是说明信息的功能，我可能会加入以下内容：

我的材料探讨了人们对自己行为负责的重要性。那些觉得自己更有能力和责任感的人更可能参与到他们的工作中去。你的员工将了解到为何他们总是不能影响发生在他们身上的事件，但可以专注于自己的反应。这意味着，当挑战和变化来临时，人们不必被动接受负面结果，而是通过掌握自己的反应，创造更好的结果。这可以提高工作满意度，有助于克服受害者心理。这种心理往往很容易产生，特别是在遇到挑战的时候。

你看到区别了吗？现在我在谈论我的 SUMO 素材的好处。同样，我可以通过谈论我的"记住沙滩排球"原则来强调减少斗争、节省时间和改善沟通的重要性。沙滩排球只是一个比喻，它并不是好处。然而，通过用如此清晰和直观的方式解释这则隐喻，我可以帮助人们理解为什么人们会有不同的视角，这对他们和他人有什么好处。通过谈论这些好处，我实际上是在回答"我为什么应该在乎"和"这为什么重要"这两个问题。

例如，推销好处可以让人们在以前没有采取行动的时候采取行动。

美国有一个公园曾经贴过一条标语："遛狗时，请把狗狗粪便清理干净。"

有些人干脆无视这条标语。毕竟，他们会想："我为什么要在乎这里有没有狗屎？"但后来标语上又添加了几个字，使狗的主人得到了一个他们应该主动清理干净狗狗大便的理由，这个理由很有说服力。新的标语简单地写着："遛狗时，请把狗狗粪便收拾干净。孩子们会在这里玩耍。"

此后，公园里再也没有狗屎了。强调清理狗狗大便的好处改变了狗主人的行为。他们现在看到了这样做的明确理由。

要让大家买你的账，你就要先让他们理解为什么。

现在，请注意，你可能清楚地看到了你的信息的好处和影响，但是你的听众可能看不到。这并不是因为他们愚昧无知，而是因为也许他们从来没有想过你之前说过的话。记住：人们不会读心术。不要以为他们会自动看到你谈论的内容的好处，你必须说清楚。很简单，你只需要说"这对你来说意味着……"即可。

再看另一个例子。这个例子强调人们为什么应该关心更深入地参与的结果。

15 年前，气候变化在人们的议事日程上并未占据重要地位，如果只是用一系列图表来告诉人们全球变暖的状况，那根本不足以引起人们的注意。我们必须解释清楚为什么人们应该关心气候变化。现在，大多数人意识到谈论全球变暖不仅仅是为了他们的利益，还是为了子孙后代的利益。这个信息并不能带给我们多少眼前的利益，而是会更多地触动我们的道德价值观。在很多方面，人们都面临着这样的挑战。你想成为因为贪婪和不愿直面问题，把问题搞砸，最终殃及子孙后代的福祉这样一代人中的一员吗？在这个例子中，问题不在于获得什么好处，而在于采取行动避免损失。但它仍然是在推销信息，而不仅仅是简单地谈论问题的特点。

停下来思考

你有效地强调自己必须要说的话的益处了吗？你是不是太过沉迷于谈论特点以至于没有说它的好处呢？你明白的事情对你的听众来说会不会不是那么明显呢？

如果你要传达的是具有挑战性的或者存在一定难度的消息（例如必须削减开支或者强制裁员），那么你是否强调了无所作为的后果？请记住，有时候好处可能需要像成本一样被削减——例如，如果我们不削减开支，那么每个人的工作都可能处于危险之中。如果你在沟通中要突出影响力和冲击力，那么你就必须开始更多地谈论好处，而不仅仅是特点。

我的总结

想象一下，当你演讲时，你的听众举着一个牌子，上面只写着：

"我为什么要在乎？"

罪状 5 即兴发挥

不久之前，我写了一本叫作《自信》(*Self-Confidence*)的书。我相信缺乏自信不仅会严重削弱我们在生活中取得成功的能力，还会导致我们无法发挥出自己的潜能。因此，我接下来这个观点可能会让你大吃一惊。

过度自信很危险，可能会导致自满。

"即兴发挥"这一罪状不多见，也很少由缺乏演讲经验和严重自我怀疑的人所犯。即兴发挥更可能是相对有经验和充满自信的人所犯的错误。

"即兴发挥"这个短语实际上来自演艺界，指的是演员没有学习剧本，因此依赖舞台侧面的题词器帮助他们说台词。

从演讲的角度讲，即兴发挥指你对要讲的内容几乎没有做计划或准备。以前的经验和自信会诱使你产生潜在的错误安全感。说实话，如果你有经验，定期发表演讲，并且很了解你要讲的主题，那么你或许稍加计划和准备就可以勉强应付。你可以依靠过去的经验来帮助你应付现在的情况。所以，你为什么还要去费心准备呢？

好吧，这一点可以理解。如果你存在这样的情况，那么我想让你反思以下这点。

优秀者的敌人一定很优秀。

如果你认为自己和别人说话时表现平庸（或一般），那么你显然还有进步的空间。但是，如果你非常擅长演讲（当然是与你认识的其他人相比），那么问题就是：你为什么还要努力变得更好？

为什么还要费心多做准备或计划呢？毕竟你已经相当好了，但这就是问题所在。在这种情况下，你不太可能采取一些虽小但却很重要的步骤，从"相当好"变成"优秀"。

如果你资质平庸，很明显你需要改进。你知道，如果没有计划和准备，这不仅会成为一次痛苦的经历，而且可能会让你出丑。所以，为了避免这种可能，你要确保你会做计划、准备和练习。没有人会因此指责你。

如果你很在乎你的演讲，那就做好准备。

现在，如果你要发表一场如同你以前做过的无数次演说，那我也不建议你闭关三天，以避免出现即兴发挥的情况。

我的建议是：如果你演讲的内容是你第一次讲到的，那你绝对不能在演讲前三秒钟才开始考虑。

花两分钟时间让自己平静下来，想想你的听众，以及为什么你要说的内容与他们相关。

当然，你可以满足于"相当好"，但如果你能思考做些什么可以让你变得优秀，那你岂不是更能获得满足感？想一想这会如何增加你的影响力，使你能对其他人产生更大的影响。

事实上，它可能不需要你做更多的工作。尽管我知道缺乏准备时间往往被当作即兴发挥的理由，但事实是，大部分谈话会仅仅因为准备了五分钟就取得了更好的效果。这个要求并不过分，难道不是吗？

现在，如果你意识到自己有即兴发挥的倾向，那我要告诉你一些好消息。第一，阅读这本书（无论如何，到目前为止）就表示你愿意提高自己的沟通技能。第二，本书的第二部分提供了各种工具、提示和技巧，可以帮助你将自己的演讲水平提升一个层次。如果你认为自己在与他人沟通方面能力一般，那么你的诚实就会得到回报。或许，你的下一个"现实"目标就是变成"相当好"。如果是这样，那也非常好，因为你会发现你需要什么来帮助自己。

自满可能是一个杀手。它的影响是微妙的，但是会一直存在。有时候，你不得不即兴发挥，因为你随时会陷入困境中。但是，这些情况只是例外。

永远不要忘记以下这一点：当你认为听众付出时间是理所当然的，在没有或几乎没有任何准备的时候就开始演讲，你就是在侮辱他们。

停下来思考

即兴发挥可以理解吗？如果可以，理由是什么？自以为水平高超？时间不足？还是与你工作中的其他方面相比，你没有把你与他人的沟通看作最重要的事情？

如果你继续使用这种方法，那会给你和其他人带来什么影响？或许最后一个问题的答案将决定你对本书其余部分的看法。我真诚地希望你能

认识到从相当好变成优秀，对你以及你的听众有
多大的影响和好处。

我的总结

　　小心自满会给你带来危险。为了提升技能，你必须
保持领先。

罪状 6　展示的幻灯片太糟糕

当涉及提升我们信息的影响力时，幻灯片还可以起到真正的作用。但正如我的朋友、同为演讲者的史蒂夫·麦克德莫特（Steve McDermott）所说："大多数人不是在使用 PPT，而是在滥用 PPT。"

我在员工大会上听过上百场演说，这些演说都是由公司内部员工发表的。有时候，我会完全被眼前的演讲者迷住。因为演讲者的演说引人入胜，非常有趣、能让人产生共鸣……实际上，我甚至会想，作为一名收费的专业演讲者，我需要提高自己的水平。

但是在有的场合，情况就完全不同了。我真的想自己能有起死回生的能力。我不明白，一谈到使用幻灯片，平时理性、聪明的人为什么会突然丢掉了常识呢？有些人没有意识到他们是在做演说，而不是在给我们读剧本。事实上，如果他们所做的只是宣读一份要点清单，那有什么必要演说呢？为了节省大量的时间和精力，直接把幻灯片通过电子邮件发送给我们不好吗？如果我们有任何问题，还可以随时联系到他们。

当谈到幻灯片时，我们需要捡起常识，并用于指导幻灯片制作。来看看，有多少听众说过下面这些话：

● 我希望你使用的字体再小一点；
● 我希望他们能在幻灯片上填入更多的内容。否则，就会浪费这么多空白处。

相信我，以上这样的话没有任何人会说。然而，许多演讲者使用的幻灯片上的字体很小，内容满满当当的，给人造成了一种强烈的压迫感。记住，你是在做演讲，而不是在进行视力测试。

你的幻灯片是为了让听众受益，而不是要成为你的回忆录。

幻灯片的作用是增强演说效果和辅助信息传递，而不是为了代替你。你读过的演说类书籍是否说过这样的话——你只能在幻灯片上使用文字？当然没有，至少我没有看到过。你可以在幻灯片上使用图片。图片不代表幼稚，也不代表不专业。如果你使用的图片合适，那么它们会非常有用。

你的演说不是用来治愈失眠的，所以千万不能让人们昏昏欲睡。

如果你想知道如何确保你的听众可以进入深度睡眠，那就用单调的声音，一张接一张地讲幻灯片吧。在你的幻灯片上放满细节，对你的听众说"我知道你看不懂这个，但是……"嘿，那你一定会让你的听众恨不得马上逃离房间。如果可以接受这种情况，那许多人就会这样做。我们是时候对糟糕的幻灯片发动全面进攻了，我们要开始幻灯片改革运动了。无论演讲者在使用什么软件（不一定是PPT），必须有人要有足够的勇气告诉他们，这是行不通的。

实际上，真正的问题并不是使用幻灯片的数量。幻灯片上的信息量多少才是关键所在。相信我。内容多不等于价值高，尤其是当很多内容被一股脑地塞进一张幻灯片时。通常，这样只会造成更大的困惑，而且大多数人没有那么多时间或者耐心坐在昏暗的房间里，试图理解一些像埃及墓室墙壁上严重褪色的象形文字一样的东西。

简单即是美。这是真理。

相信我，你的智力与你在给定时间内所说内容的多少没任何关系。你的目标不是要用小号字体对听众进行视力测试。

你需要做什么呢？如果你计划使用幻灯片，那这里有几条重要提示可以帮助你。

❶ 先准备好你的演讲，再准备幻灯片——幻灯片应该是为了加强你的演说，而不是成为演讲的主角。

❷ 使用浅色背景和深色字体。

❸ 字体要粗大，容易阅读。设计幻灯片时要想标题，而不是内容。

❹ 图片可以提升影响力。不要放剪贴画，剪贴画太过时了。你可以在互联网上找到成千上万的图片，如果要用，就去搜索吧，同时要注意版权问题。

❺ 尽量减少文字。幻灯片上有文字没有关系，只是不要放得太多，要有留白。文字需要看起来像在一片开阔的田野里，而不是在拥挤的通勤车上。

❻ 幻灯片是为了让你的听众受益，而不是为了提示你。如果有必要，可以用笔记提醒自己。

❼ 一些最伟大的演讲并没有借助幻灯片的力量。你可以拥有技术，但这并不意味着你必须使用它。

停下来思考

如果你要使用幻灯片，那么你是需要放弃还是改进当前的幻灯片？你需要按照列出的哪些建议进行修改？如果你不使用幻灯片，那么你打算如何改进你目前与他人的交流方式？

我的总结

你是这场表演的主角。幻灯片只是你的辅助工具。

罪状 7　毫无意义地东拉西扯

现在，我不打算唠叨人们为什么会喜欢闲扯。简洁是最好的，尤其是在演讲的时候。

演讲者可能擅长用词，尽管他们可能用了太多的词，并且可能对自己演讲的主题了如指掌。但残酷的是，当他们最后完成演讲时，你仍然不明白他们给出的信息有什么价值。

事实上，他们花了很长时间带给了你一个一点也不神奇的神秘之旅。你不确定目的地是哪儿，即使你确定，你也仍然很疑惑你为什么会在那里。

当他们与别人交流时，显然只会让对方感到"厌倦和困惑"。这简直就是一些人与生俱来的"天赋"。这种情况为什么会发生？说起来，有以下几个原因。

- 有些人认为要吸引听众，就要表现得高人一等，忽视他们。或者，换句话说，他们根本不知道如何有效地沟通，但又对此视而不见。

● 尽管听众发出了清晰的信号（目光呆滞、查看电子邮件、打盹、表情不耐烦），一些演讲者仍然认为："只要这个话题我谈得够久，最终就一定会有一些东西能引起他们的共鸣。"相信我，在这种情况下，演讲者很少能引起听众的共鸣。

● 演讲者也可能真的相信"我对这个话题真的感兴趣，所以你也应该会感兴趣"。这可以追溯到罪状 3，演讲者根本没有考虑或者理解听众的需求。

● 有些人实际上喜欢自己的声音。你以前见过这种人吗？他们在别人面前演讲时很自在，但问题是，他们过于自在了，以至于根本没有注意到听众正陷入迷惑中。

● 演讲者漫无目的地说下去的最大原因可能是，他们心里也不清楚自己的演讲实际上想达到什么目的。

事实是：当你的脑子里塞满了内容时，就不可能保持清晰。

如果演讲者不清楚演讲的方向和最终目的，那就意味着演讲者迷失了方向，同时会不可避免地失去听众。这可能是由即兴发挥导致的。相信自己善于即兴发挥和蒙混过关，并不足以帮助你应付演讲，它只会让演讲变成一场毫无意义的和令人困惑的闲扯。可悲的是，人们太习惯于这样的状况了，以至于他们常常将其视为常态。

我可以向你保证一件事，如果你带着人们闲扯，有一个词确实能吸引听众并立即引起他们的注意，这个词就是"最后"。

当人们听到这两个词时，他们会在心里起立鼓掌。我承认，内心的欢呼更多的是出于解脱而不是喜悦，但是至少你得到了他们的注意。可惜你在整个演讲过程中都没能做到这一点。但是，放轻松，你没必要恐慌。相信我，你会在本书中发现许多简单但实用的策略，它们能帮助你带着清晰的目的进行演讲。

停下来思考

你会将演讲变成闲聊吗？如果是这样，那原因是什么呢？花点时间反思一下。如果是因为你对演讲内容不够清楚，那么你会发现"以目的为开始"和"整理好结构"这两章特别有用。如果闲扯的原因是你喜欢演讲，那么你将会发现许多有助于听众喜欢上听你说话的见解和方法。

我的总结

当你下次演讲时，想象你的听众举着一个巨大的横幅，上面写着："你的观点是什么？"你可能还记得，你的一些听众也举着一个横幅，上面写着："我为什么应该在乎你说的？"

我们已经来到了第一部分的结尾，第一部分探讨了演讲的七大罪状。让我们简要概述一下：

❶ 传达的信息缺乏吸引力；

❷ 过于关注细节；

❸ 没有考虑或者理解听众的需求；

❹ 关注特点而不是推销好处；

❺ 即兴发挥；

❻ 展示的幻灯片太糟糕；

❼ 毫无逻辑地东拉西扯。

现在，如果你要找出你需要停止再犯的三大错误，它们会是什么？

1. ＿＿＿＿＿＿＿＿＿＿＿＿＿＿＿＿＿＿＿

2. ＿＿＿＿＿＿＿＿＿＿＿＿＿＿＿＿＿＿＿

3. _____

说出来是一回事，改正又是另一回事了。现在，是时候接受新的有影响力的方式来改变你的演讲了。

让我们进入下一部分吧。

02

第二部分
沟通时让人们真正
听进去的八大方式

How to Speak So People
Really Listen
The Straight-Talking Guide to
Communicating with Influence
and Impact

方式 1 实事求是

苏菲大约 35 岁，她性格开朗、自信，最重要的是为人友善，我立刻就对她产生了好感。我们在同一场会议上发言，我坐在后面，心情放松，耐心地等待着她发言。然后，她开始演讲了。效果立竿见影。她像吞下了一颗"现在，我要做演示"的药丸。

在几秒钟内，我们就看到了戏剧性的变化。她从一个轻松、自信、友好的人转变成了一位正式的演讲者。她的幽默、热情和个性统统都消失了，取而代之的是严肃的公司形象，大量花哨的幻灯片。

苏菲所用幻灯片的动画效果很好，加上身着漂亮的商务套装，使她看上去非常专业。但是，还有一个问题，她不再是我们认识的苏菲了。

她大部分时间都对着屏幕，而不是对着观众讲话。很明显，她已经排练过了，但她的表现让人觉得过于完美了。她显然丢掉了自己的幽默感，也没有把她的演讲内容与在她之前演讲的其他发言者的讲话联系起来。很遗憾，苏菲忘记了以下这点。

表现专业并不意味着你一定要让人感到无聊。

她几乎没有和听众进行过眼神交流，脸上也没有一丝笑容。就在几分钟前，苏菲和我交谈时，她还是一个热情又迷人的女性，现在她到底怎么了？为什么她没有意识到自己显然没有和听众进行过沟通？

或许线索就隐藏在安徒生讲述的一个古老的童话故事——《皇帝的新装》中。在这个故事中，一位虚荣的皇帝被愚弄到相信他穿的新衣服实际上是有魔力的，只有聪明人才能看得到，蠢人是不可能看到的。因为没有人愿意被人看作傻瓜，所以每个人都在称赞皇帝的新衣，这不足为奇。当大人们随声附和时，只有一个小男孩指出了皇帝什么也没有穿。往往只有天真的孩童才能揭露真相。

这和演讲、演示以及我观看索菲演讲的经历有什么关系呢？我知道，很多人相信自己善于沟通，因为没有人说过他们不擅长此道。我猜苏菲也是这样想的，因为她一直都这样发表演说，没有人认为她做得不够好。也许，她和其他许多人一样，成了沉默阴谋的受害者。这是为什么呢？

也许是因为那些发言的人职位比较高，而人们不想得罪他们，免得对其职业生涯产生不利的影响。也许是因为听众只是单纯地不想冒犯别人。他们的善良使他们变得不那么诚实了。不是每个人都有勇气说出一位教会成员所说的话："伟大的布道者，我已经很久没有睡得那么香了。"人们也可以不说出真相，以防他们的批评得到"好吧，我希望看到你做得更好"的回应。许多人极力躲避演讲或者演示，因此对那些至少有勇气做这件事情的人，他们不愿意过多地苛责。

如前所述，人们已经习惯了听糟糕的演讲，以至于他们将其视为一种常态。那么，为什么我们要指出如此常见的事情呢？

我们这样做是想告诉大家，有些人演讲得很差，但这个事实却被忽略了，可能有几个原因。就像皇帝一样，没有人告诉他们真相。如果让我指导苏菲，就像我在指导你一样，我会指出的第一个"真相"就是真实的重要性。你别躲在门后面了，要向观众更多地展示真实的自己。

如何做到真实呢

你时刻都要记住，你是在和人交流，而不是和一些组织所说的人力资源交流。如果你不再使用"发表演讲"或者"发表演说"等短语，而改为"我正在谈话"或者"我正在讲故事"，那么你立刻就会显得更真实了。

记住：当你和你的听众交流时，你是在试图与他们建立一种关系。

当你把你的演讲看作一场对话时，你的演讲风格就会有不同的基调。你猜会怎么样呢？结果，你会显得更加真实，也不会显得那么木讷了。

还有一点也很关键。如果人们不接受你，那就很难接受你的信息。所以，你的目标不仅仅是进行一场对话，还要与听众建立起联系。

~~~~~~~

建立联系至关重要。

~~~~~~~

这一点显然会影响你的沟通方式，以下有四个见解可以帮助你与听众建立起联系，无论你的听众有多少。

1. 情感胜过修饰。如果演讲主题对你来说很重要，那么要确保听众知道这一点。这并不意味着你要像一只吃了兴奋剂的袋鼠一样上蹿下跳。你可以借助自己的动作和声音来表明为什么你认为自己谈论的内容很重要，以及它为什么对听众也很重要。当听众感觉到你的激情时，他们可能会更宽容，也更愿意倾听你的演讲。

过度修饰实际上会成为一种障碍。

你的交流可能更多地被视为一种行为或表现，缺乏真诚和真实感，而这正是苏菲留给人的印象。

2. 我们喜欢与自己像的人。人无完人，所以在适当的时候要准备好分享一些你的奋斗经历，而不仅仅是你现在的成功。显然，不要分享太多，否则你会失去可信度。但是，如果你表现得太聪明了，声称你轻而易举就有了现有的生活和事业，那么人们就不会觉得你和他们有什么关系了。当他们和你没有关系时，他们就不会和你建立联系。

真相是：吹嘘令人厌烦，分享成功经验。

利用各种办法让你的信息看起来十分可信。与人们分享你的成功经验。但是如果你没有平衡好，就会疏远听众而不是吸引听众。大多数人在生活中都遇到过挑战——分享你遇到的困难，会拉近你与听众的距离。

3. 别再老调重弹了。对许多演讲者来说，试图讨好听众似乎是一种传统做法。记住，当你说"感谢你们邀请我"时，大部分听众根本不在乎。要感谢组织者，而不是你的听众。小心，对人不要太过于遵从了。如果强调自己感到多么荣幸，就会令大多数人感到厌烦。表示尊重的最好办法就是传递有价值的信息。

~~~~~~

　　对听众表示感激的最好方式是确保你不会浪费他们的时间。

~~~~~~

　　4. 有话直说。花言巧语会让人感到厌恶。保持诚实，凭经验说话，和大家分享你的真实故事。一些组织经常邀请我去进行关于如何才能更积极地应对变化的演讲。我会和大家分享我的故事，比如我因病失业，以及我特别害怕失去我的房子。

　　换句话说，我是在对我的听众说"我也经历过一些重大的变故"。虽然我经历的变化和面临的挑战可能与他们的不大相同，但是我强调了我所经历的各种情绪——原有的身份丧失，情绪不稳；上一秒钟还很乐观，下一分钟却感到如坠深渊，十分绝望。我的听众很快就会意识到，他们并不是在被一个充满莫名优越感的人训斥，而是在听一个对他们抱有同情心的人的演讲。

停下来思考

阅读本章后，你的主要收获是什么？你见过像苏菲这样的人吗？你会因放弃自己的个性、进入公司演讲者模式而感到内疲吗？当你演讲时，大部分人看到的是你的哪一面？真实的你（准备充分并且很专业），还是代表公司形象的木讷的你？

我的总结

我们在本章探讨了几个观点，分别是：人们可能认为自己比实际上更善于沟通，因为没有人说过他们不善于沟通。我们也探讨了四种与你的听众沟通的方式。提醒你：

1. 情感胜过修饰；

2. 我们喜欢和我们一样的人；

3. 别再老生常谈了；

4. 有话直说。

当你下次与别人沟通时，你会特别注意以上哪一项呢？

方式 2　调整态度

我经常问人们这样一个问题："你交谈过的人中谁是最重要的？"答案就是你自己。

想想看，你最倾向于听谁的意见和想法呢？你最终会按照谁的建议去做？答案就是你自己的。

要知道，我们与自己的对话会对我们产生深远的影响。这些内在的对话或者想法甚至可以决定我们是否抓住了与他人交谈的机会。这就是为什么它们如此重要和有影响力。

如果你内心的对话是这样的："我讨厌演讲，我感到非常紧张。"或者"我能有什么好的想法，能让我可以站在那里演讲呢？"你甚至还没开始演讲，内心就陷入了挣扎中。这就像一个运动员因为抢跑而被取消了参赛资格，我们有时候会通过内在的自我对话来取消自己的演讲资格。

如果你的态度和心态正确，那你就可以把自己放在更好的位置来获得成功。但这并不是我们在讲话之前一定要注意到的事情。当探讨作为沟通者的影响力时，你需要思考三个关于态度的问题。

你对你所讲的话题的态度

现在只有一种可能，你有时候被要求就一个不可能被选为"世界上最性感、最有吸引力的话题"的话题发表演讲，我说得对吗？

我曾经代表另外一家培训公司举办过一场研讨会，研讨会的主题是"如何约束员工和纠正绩效问题"。我敢打赌，错过这场研讨会绝对是你的损失。如果你的演讲主题是"西伯利亚的天然气装置"或者"比利时回力镖协会的历史"，你可能看不到成群结队的人来听你演讲。但是，更有可能的是，你必须讲的是财务更新报表、商业计划或者有关健康和安全的问题。危险就在这里，你总是在开始演讲前就暗示自己这个话题很无聊。

实际上，我曾听到有的发言者在演说开始时就提醒说"现在这部分有点无聊"。你猜会怎么样？通常它肯定就是无聊的。给你的话题贴上无聊的标签不仅仅会自我应验，而且也是对听众的侮辱。如果你的态度是"这很无聊"，你就不会做任何事情来增加它的趣味性，使它变得更有吸引力。而且，如果你觉得"谈论一些对你没有意义和好处的事情会浪费你的时间"，那这也是在侮辱你的听众。你认同我的说法吗？

如果真是这样，那么你也许真的不应该去演讲了。然而，我们通常所说的"无聊"一词的意思是，我们意识到它可能不是世界上最性感的话题，甚至可能相当复杂，但人们仍然需要了解它。我们希望它确实能给人们带来一些好处和意义，否则谈论它完全就是在浪费时间。哪个聪明人会花 30 分钟甚至更长的时间去谈论一个他们知道对听众没有意义和好处的主题呢？

如果要让人们真正地倾听你的演讲，那理解下面这一点绝对至关重要。

沟通远不止讲述，它还和推销有关。

无论在工作场所之内还是之外，无论是在哪种背景下，你都必须推销自己和自己的想法。经理、主管、教师、政治家、求职者、同事、学生、讲师、销售人员、家长，等等，无一例外都要推销自己。

因此，你的目标其实十分简单，就是确保你对自己要讲的话题持有积极的态度。当你探讨攀爬梯子的健康和安全问题或者看上一季度的销售数据时，人们可能不会感动得流下眼泪或者笑弯了腰。但即便如此，你还是要靠自己，没有人能帮助你的听众理解为什么他们需要听你演讲。

你必须把你的信息兜售出去，而不只是说出来。

你必须清楚地知道，为什么你要讲的内容和你的听众有关并能让他们获益。不可否认的是，在相关性和好处方面，它的得分也许不高，却有一定的必要性。如果没有，那你真的要问一问你究竟为什么要谈论这个话题。

下面这个例子是我的亲身经历，充分说明了你对你的话题的态度的重要性和影响力。

菲奥娜是个很有趣的人。她是我培养的一名财务总监。

"问题是，对于大多数人来说，财务真的很枯燥。我不喜欢谈论财务，但我总要在员工大会上花 15 分钟来谈论它。"

我问道："你怎样才能把一个枯燥的话题传达给不想听的听众呢？"

"呃，我只是试着尽可能快地讲完，并摆脱它。完成它并不能真的带给我一种满足感，更多的是一种解脱感。"

一个有影响力和有知识的人对于与同事谈话竟然感到非常消极，并且缺乏灵感。是不是很让人难过？然而，我们的培训才刚刚开始，我意识到，我们首先需要改变的就是她的态度。

我从一开始就质疑她的假设。她认为人们觉得财务这个话题很无聊。是吗？毕竟，有钱能使鬼推磨，财富对一些人来说可能很有吸引力。人们反感被淹没在复杂的细节中，何况这些细节似乎与他们没有直接的关联，也产生不了直接的影响。现在这种方式确实令人讨厌。如果能以一种人们可以掌握的方式传达财务信息，并且不会让他们淹没在数字之中，那他们为什么就不能发现它的趣味性呢？企业的财务状况将直接影响他们的未来。

菲奥娜需要做的是给人们一个感兴趣的理由。她的听众需要理解为什么他们应该关心企业的财务状况——这要菲奥娜来解释，而不是他们自己去想。换句话说，她必须推销自己要说的话，尤其是当这个话题从表面上看似乎不是特别有吸引力时。

菲奥娜采纳了我的建议，并更加关注"我怎样才能让这个话题更有趣呢"这个问题，而不是"这个话题为什么这么无聊"。她没有因为自己的表演而获得什么奥斯卡奖，甚至连起立鼓掌的人都没有。但当我坐在听众席上时，我注意到大家都很忙。她没有为谈论财务问题而道歉。相反，她让自己对主题的情感感染了听众。她用到了一些视觉图像，而不是一连串数字。还有改进的余地吗？绝对有。但是我有一种有趣的感觉，当下次她站起来讲话时，她的同事们绝不会想着可以站起来离开了。

停下来思考

你如何描述你对自己所讲话题的态度？你是渴望讲话还是每当谈话结束后就会松口气？你如何才能对你要谈论的话题有更积极的态度？

现在，进入我们需要关注的第二个方面。

你对听众的态度

我承认，在听众面前讲话有时确实令人畏惧。当你站着说话的时候，有一种把自己暴露在别人面前（形象地说，就是那样）的感觉。显然，这种情况在非正式座谈会上很少出现。当所有人的目光都集中在你身上时，会让你感觉自己很脆弱。

当然，一些人很喜欢站在聚光灯下，但是也有很多人乐意极尽所能躲避聚光灯。一部分原因可能是，他们担心听众在某种程度上批评他们并希望他们失败——这不难理解，这种想法会加剧他们的焦虑感。但在大多数情况下（我承认可能有一些例外），听众希望你能获得成功。我们将在这本书的后面更详细地讨论如何解决紧张和焦虑问题，但是现在如果你想帮助自己建立起信心，你就需要把注意力都集中在房间里最重要的人——听你演讲的人身上。

少关注自己，多关注听众。不管在什么背景下，沟通时的态度都应该像下面这样。

我现在怎样才能最好地为听众服务？

当我们不再关注什么可能出问题，而更多地关注如何让听众满意时，我们的信心就会增加，神经就不再那么紧绷了。

还记得沟通的第三大罪状吗？这是你解决这个问题的机会。多想想你能给听众带来的好处和价值。

你为听众花的心思越多，听众就越容易想起你。

一切都与他们相关。他们的需求是什么？他们关心什么？他们面临的挑战是什么？弄清楚这些很关键。

你的目标很简单，就是把你的信息和听众的世界联系起来。这样你就把可以理解的紧张情绪从自己身上转移到听众身上了。记住，无论你在公司内部的职位有多高，你的目标都是服务于听众，而不是表现得比他们要优越。

同样，如果听众职位比你高，你的目标不会变，仍然是为他们服务。让你发言一定是有原因的。你一定会带来一些价值。否则，为什么邀请你来发言呢？

除非你是一个喜欢施虐和羞辱他人的组织中的一员，否则没有人喜欢眼睁睁地看着员工"死"在舞台上。我猜你是出于积极的原因来演讲的。因此，要记住这一点，把演讲看作一次机会，而不是将其当作一场想要逃避的灾难。

如果你真的想帮助听众，那就要考虑如何为他们提供服务，而不是简单地给他们留下印象。

现在让我们来探讨一下有关我们的态度的第三部分，也是最后一部分。

你对自己的态度

虽然我们可能担心听众对我们的看法，但我们最大的批评者实际上就是我们自己。多年来，在我指导的数百个人中，我估计三分之二的人对自己的表现都过于挑剔了。

请别误会，想要进步绝对是一件好事。自我反省是一种成长和发展的好方式。

注意你内心的批评者——你内心的声音突出了你的弱点，削弱了你的自信。

这是一个具有挑战性的部分——你内心的批评者对你的影响可能发生在你演讲之前、期间甚至之后。但是，不要把这个和让你保持警觉并希望你达到最佳状态的声音相混淆。我把那个声音称作你内心的教练。但内心的批评者却恰恰相反，它会削弱你的自信。你和你内心的批评者之间的对话会导致你在对别人讲话或做演讲时感到格外焦虑。很多人都是如此。你如何克服它呢？

你要先回顾我们以前的观点，把注意力集中在满足听众的需求上。你脑海中不能同时进行两段对话。当你思考如何最好地帮助别人时，你也不能打击自己。

你要认识到你内心的声音并不是你独有的。我同世界上很多研究者一样，研究了整个思维领域。内在批评者是所有文化中普遍存在的现象。

你并没有什么奇怪的，你很正常。记住，你脑子里的对话只是想法。你可以决定让它们存在多久。做到这一点最好的办法不是告诉自己"我必须停止思考消极的想法"。相信我，那是行不通的。关键是要用更有建设性的内心批评来取代你的无意义交谈。以下是一些你可能想关注的短语和问题。

在你演讲之前：

- 放松些，这是一个我为听众服务的机会；
- 我讲话的唯一原因是有人对我有足够的信心，相信我能做好工作；
- 记住，这和他们有关；
- 你已经做好了准备，你知道你的目的，现在开始全力以赴吧；
- 我的听众希望一切顺利。

演讲结束后：

- 我从这次经验中学到了什么？
- 哪方面进展顺利？

● 如果有下次，哪里需要改进？

思考这些更有建设性意义。所以，开始使用它们吧，因为我可以向你保证它们一定会产生影响。

警惕内心的自满

有一些人面临的挑战并不是自己内心的批评者。实际上，恰恰相反。他们的问题与他们"内心的自满"关系更大。这些人容易过度放松，更可能犯下演讲的第五大罪状——即兴发挥。他们陷入了自满的状态，似乎缺乏理解某事的自我意识或欲望，他们不会寻求反馈，如果收到任何负面反馈，他们很快就会不予理睬。可悲的是，他们的态度并不是"我该如何改进"。他们的自满既蒙蔽了他们的双眼，也欺骗了他们，并且妨碍了他们变得更好。事实上，一些人会说这种自满近乎自负。

自我欺骗妨碍自我发展。

停下来思考

你会如何评价你对听众的态度？你认为把自己看作为听众服务的人有用吗？是否有时候你觉得这种态度并没有什么用？如果有，是什么时候？

你对自己是什么态度？你能认同内心的批评者吗？如果认同，你什么时候能清楚地意识到它——演讲之前、期间还是之后？或许，你感到你有时会自满。如果是这样，我希望阅读这本书有助于消除你的一些自满情绪。

我的总结

现在确定你需要关注下面哪个方面来提升你的演讲的影响力和冲击力：

- 你对你的话题的态度；
- 你对听众的态度；
- 你对自己的态度。

方式 3　清楚沟通目的

想象一下，你要在工作中发表演说，或者为客户做宣传，又或者需要去参加面试。此时，大多数人问他们自己的第一个问题是什么？根据我的经验，这个问题通常是："我要说什么？"这似乎是一个合理的问题，难道不是吗？但是，千万不要从这里开始。

下面这个问题才是你需要问自己的。"我要讲的内容的目的和意义是什么？"或者换一种说法："我要通过演讲实现什么目标？"

要知道，如果你不清楚沟通的意义，那就相当于蒙着双眼站在拳击场上，徒劳地四处挥动着双臂，希望能打到对手。如果你不确定自己的目标，那么你说的每句话都会落空，除非你真的很幸运。如果你想让演讲具有影响力和产生益处，那我宁愿你依靠技巧而不是运气。

～～～～～

没有明确的目标，你就会缺乏信心和信念。

～～～～～

如果你自己也不清楚你想要什么效果，那你又怎么能给人留下积极的印象呢？事实上，许多沟通者都有我说的模糊焦点的问题。相信我，当你发现自己在说下面的话时，你已经有麻烦了。

- 我只是想告诉大家一个最新的消息。
- 我只是打算通过一些幻灯片聊一聊。
- 我在告诉人们我对这个话题有什么样的了解。

你听过或说过这类话吗？它们看起来没有恶意，不是吗？但你还记得前面的话，即"我为什么要在乎"以及"你的意思是什么"吗？好吧，你的话可能会被置若罔闻，除非你给了人们一个足够好的理由坐下来倾听。

为了实现这个目标，在你开始计划要讲什么之前，你需要弄清楚你对以下问题的答案。这些问题包括：为什么这次更新很重要？我的听众会以什么样的方式从我要说的内容中受益？此次更新是否要求他们停止或者开始采取某种行动？如果是这样，他们需要采取什么行动？他们什么时候需要采取行动？

你只是通过幻灯片聊天有什么意义呢？你听上去比一个在维根码头抿着鸡尾酒的度假者更悠闲。听众想被演讲者吸引住，听众想得到一个自己应该倾听的理由。你的悠闲会导致听众失去兴趣。

因此，要弄清楚为什么你说的话对听众很重要。你在解决什么问题？听众如何从你说的话中受益？

最后，不要只告诉人们你对某个话题有哪些了解。相信我，他们并不关心你知道什么，他们真正关心的是你的知识如何在某种程度上帮助他们。

当你清楚你的目的时，你就更有可能实现它。

如果你想让人们真正地聆听你的演讲，知道你带领他们踏上的旅途对他们有什么益处，你就更有可能成功。如果他们在问自己"我听到的到底是什么意思"时，那么他们就不太可能成为一个愿意一起旅行的同伴。

现在，为了达到目的，你必须弄清楚三件事，即 KFD。如果你不清楚，别人心里就会产生困惑。

我想跟你介绍一下 KFD。KFD 将改变你的沟通方式。下面让我们来分析一下这三个字母对你和你的信息意味着什么吧。

K 代表 Know，即弄清楚你想要你的听众知道什么。记住，不要用内容压垮他们，也不要把他们淹没在细节中。问问你自己：我演讲结束时，我的听众必须知道的第一个事实是什么？

F 代表 Feel，即人们不会仅仅因为他们掌握了某种知识而改变行为或者参与某项事业，他们也需要情感上受到影响。所以，你希望听众在你演讲后有什么感受？是感受到了挑战、激励、鼓舞、自信、安心，还是仅仅是肤浅的乐趣？有可能是多种情绪的混合物，但是如果你只能选择其中一种，那你会选什么？

D 代表 Do，即人们可以知道一些东西，甚至产生不同的感觉，但最终你想让他们做什么呢？如果你不清楚你想让人们做什么，相信我，你的听众就什么都不会做。你可以逗他们开心，愉悦他们，甚至让他们去思考。但那又怎样呢？你的信息只是为了打发时间，还是为了产生实际的影响？正如我的朋友和沟通专家安迪·邦兹所说："如果你不指出下一步，就不会有下一步。"

因此，先通过 KFD 流程开启你的准备工作，然后再准备演讲内容。这样你就能节省时间，并且可以帮你决定应该讲什么内容，省略什么内容。因此，你在传达信息时会更加专注，能更清晰地沟通，因而会显得更自信。相信我，你的听众会发现演讲终于变得不再那么令人难以忍受了，他们会有耳目一新的感觉。

停下来思考

在传达你的信息时，你的注意力有多集中？你在准备时，是不是自然而然地围绕着目的开始的？在使用 KFD 方法时，想一想在什么情况下这个方法特别合适。

我的总结

确定一场你需要发表的演说（或者你需要进行的对话）。现在问问你自己：

· 我的听众知道什么是绝对重要的吗？

· 我希望他们有什么感觉吗？

· 他们下一步需要做什么呢？

方式 4　整理结构

尽管我不是医生，但我也知道，如果你摔断了腿，要使用沙威隆和石膏。即使是我这样的人，也知道一个事实：没有骨架，我们人类就会像一块皱巴巴的布料。虽然我们看不见骨架，但我们的骨架把一切都结合在了一起。我们的沟通也是如此。

如果没有一个强有力的骨架或者结构，你的演讲或演说就会完全垮掉。我们之前探讨过的演讲的第七大罪状是"毫无意义地东拉西扯"。在本章中，我将为你介绍几种不同的方法，帮助你规划你和听众的旅程，从而不会再有不必要的消遣和无意义的停留。

一直使用 3Gs

就如何组织你的沟通而言，这是最简单和最通用的结构。该结构可以应用于任何演讲、谈话或者会议，并且不依赖语境。3Gs 指的是：

- 吸引他们;
- 给予他们;
- 再见。

下面，我会详细地说明什么是 3Gs。

吸引他们。简单来说，你要先确定你会如何开始演讲。你要知道在演讲开始后的 90 秒内会发生什么，确保可以吸引听众的注意力。我们将在下一章中对此进行更深入的探讨。在这一章中，你会发现其他几个观点，它们能帮助你为你的演讲创造一个引人入胜的开场白。最重要的是，它可以确保你回答了听众心里的潜在问题："我为什么要在乎?"

给予他们。你的要点是什么? 为了实现目标，你的听众需要知道什么? 你想在旅途中向他们展示什么? 预定的停止点在哪里? 你能用哪些故事和例子来解释你的观点，而且还能让他们印象深刻呢?

再见。很多人会在开场白上下功夫，但很少考虑结尾。危险就在于人们可能会继续闲扯，因为在回答"我们快结束了吗"这一问题时，有些演说者可能会回答："我还不确定'结尾'在哪里。"

有些演讲者则会戛然而止，或像烟火一样突然熄灭。

为什么？因为他们没有对他们的结束给予足够的关注。还要注意，千万不要用问题来结束。这从来不是说再见的好方式。问题可能最终会出现，但是不应该出现在最后。

为什么？因为如果你以问题结束演讲，那么决定你的演讲结束方式的就是你的听众，而不是你。他们有控制权，而你没有。一种可能的情况是，你不知道最后一个问题的答案，这可能会损害你的声誉。你绝对不想就这样结束你的演讲。这不是明智之举。所以，一定要确保最后结束演说的是你。这意味着，在最后一个问题之后，你掌握了控制权，并以你想用的结束方式结束了演讲。它可以是一个故事、一句话或你的关键点的重述。通常，阐明下一步或者人们在你的演讲中需要采取的具体行动是有帮助的（而且确实是必要的）。结束的方式一定要有影响力。

最后的印象最为持久。

亚里士多德方法

亚里士多德是希腊人，大约在伊索之后200年才出现。亚里士多德有着从诗歌到政治的广泛兴趣，最重要的是，他是闻名世界的哲学家和科学家，他的思想受到了另外两位希腊人物（苏格拉底和柏拉图）的影响。

亚里士多德的方法可以帮助我们提升自己沟通的影响力。亚里士多德想出了一个五点计划来创造一个有说服力的论点。这是已故的史蒂夫·乔布斯使用过的一种技巧——他以演讲和花大量时间准备演讲而闻名于世。

以下是亚里士多德的五个步骤：

❶ 讲述一个能引起听众兴趣的故事或者事实；

❷ 提出必须要解决或者回答的问题；

❸ 提供解决方案；

❹ 描述解决方法的具体好处；

❺ 发出行动号召。

亚里士多德是一个哲学家，但他知道简单的力量。他的方法很简单——直截了当。这正是你所需要的沟通方式。

史蒂夫·乔布斯和许多像他一样的人并不是天生就有演讲才能。当其他小孩在堆沙滩城堡、玩捉迷藏游戏时，他们并没有在托儿所的操场上练习演讲。但是，为了成为优秀的沟通者，他们确实学习了吸引听众的策略，并加强练习和实践。有时候，他们是从一个希腊哲学家关于如何组织信息的建议开始的。

4P 的力量

我是从安迪·邦兹斯那里第一次了解到这种方法的。我之前提到过安迪，我认为，他一定是世界上最优秀的沟通教练之一，这就是我请他为本书写推荐序的原因。4P 比 3Gs 方法更具体，而且这是一个只在特定情况下使用的结构。比如，当你需要传达坏消息，或者当你想要说服比你职位高的人，以及想要发表简短的演说时。4P 分别指的是处境、问题、可能性和建议。让我来一一详细解释一下。

- 处境：目前的情况是 X。
- 问题：由处境 X 引发的问题或痛苦是……
- 可能性：我们在解决处境 X 时拥有的选择。

然后，你可以概述出一系列解决问题的选项，根据情况和观众的不同，可能比较适合询问其他人对可能的解决方案的想法（人们通常对自己的想法更热心）。

无论你得出了什么结论，这个"可能性"步骤都有助于让人们确信你已经探讨了别的选择。它可以帮助人们，尤其是那些可能不会自动积极接受你的信息的人，至少能在给出备选方案的情况下，看到你的论点的逻辑。

- 建议：这是你在考虑了各种可能性之后，提出的一个具体选择。

4P 方法再次提供了一个结构，你可以将你的论点添加到其中，并为你的旅程制定一条清晰的路线。

按时间和逻辑顺序排列

演讲只是一个按照时间和逻辑顺序排列的讲话过程，没有必要将事情复杂化。要保持简单。所以，它可能会以如下的方式展开：

- 让我们先回顾一下……
- 在此期间，我们作为一家公司做了以下工作……
- 现在我们发现自己在……
- 我们学到的是……
- 我们现在要去的地方是……
- 我们走这条特别的路线是因为……
- 我们预期的挑战是……
- 我们将一起通过……克服这些挑战……
- 你需要做的第一件事是……

这段旅程非常清晰。这是合乎逻辑的，但你可以借助故事和幻灯片帮助你解释这一旅程。你甚至可以在开场时使用一张带有地图的幻灯片，以突出你的旅程。

除非你想让人们昏昏欲睡，否则就要让他们清楚地知道自己要去往哪里。

这个示例可用于组织会议，而不仅仅是演说。遵循这种方法，你可以让人们跟上你的步伐，确保最后没有人会迷路。注意结尾。它是一个行动号召，重点放在下一步。

采用三点调头法

我经常使用三点调头法。它仍然包含 3Gs，我相信这是所有讲话的指导性原则，但它也提供了一些真正的灵活性，以及结构方面的重点。

显然，你所讲内容的性质有时候会要求你涵盖三个以上的观点。如果你有一个更通用的话题或者你可以更自由地支配自己想谈论的内容，那这是一个可以遵循的简单公式。当你有时间时，可以听一听史蒂夫·乔布斯 2005 年在斯坦福大学毕业典礼上的演讲。在演讲的开场 30 秒内，他说了以下这些话：

今天我想向你们讲述我生活中的三个故事，仅此而已。不是什么大不了的事情，只是三个故事而已。

他的整个演讲就是围绕着三个故事展开的。这种简单的方法是乔布斯的典型做法。这些故事具有深刻的个人色彩，取材于他自己的生活经历，形象生动，富有个人见解。但是把这一切结合在一起的是一个有三个点的简单结构。如果你想找一个例子，不仅可以用这个方法，还能体现出故事的力量和影响力，就把观看这个演讲作为首要任务，它只需要花费不到 15 分钟的时间。

在继续阅读之前，先想好你打算在接下来的 24 小时内什么时候观看这个演讲。如果现在不做决定，你可能就会忘记。请不要直接跳到下一个观点，反正我们快到本章末尾了。定个时间去看，你不会失望的。

顺便说一句，读完这一节，你会开始注意到事情往往会被分为三点来表达——相信我，你会注意到的。

这就是全部真相，除此之外，别无他物。

停下来思考

你通常用什么方式来组织你的沟通过程？你已经使用过或探讨过哪些观点？你是否清楚需要如何整理你的结构？

我的总结

为了避免带人们进行毫无意义的闲聊，你可以整理一下自己的结构。我们探讨了可以做到这一点的五种方法。你会在下一次演说时选用哪一个？

- 3Gs 方法；
- 亚里士多德的方法；
- 4P 的力量；
- 按时间和逻辑顺序排列；
- 采用三点调头法。

另外，不要忘记观看史蒂夫·乔布斯的演讲视频。

方式 5　吸引观众的眼球

你知道"不以貌取人"这句话吗？这个观点很好，不是吗？但这几乎不可能做到。你觉得呢？

2009 年，当苏珊·波伊尔（Susan Boyle，苏珊大妈）登上电视节目《英国达人秀》的舞台表演时，每个人都在评论她。我指的是每个人。不久之后，第一印象就永远改变了。

苏珊大妈之所以能做到这一点，是因为她有着惊人的嗓音。她凭借自己天籁般的嗓音创造了一个历史性的时刻。但坦白地讲，我们大多数人不太可能是这类能够吸引听众的人才。我说得对吗？如果你觉得我说的不对，可以把这本书放下，为你自己找个旅行社去旅行了。

除了惊人的嗓音外，苏珊还具备一个我们与他人交流时通常不具备的优点。她的听众并没有坐在台下打开手机查看手机上的工作邮件，也没有查看他们在 Facebook 上的最新帖子获得了多少"赞"。她有一帮不得不坐在那里的听众，正等待产生兴趣。

我们可能没有那么幸运。这就是为什么，无论你的沟通环境如何，你与听众最初的互动都是至关重要的。我并不是说开始的紧张、犹豫没法克服，只是要做到这一点确实有难度。如果你在演讲开始时未能吸引住听众，那么你的工作就会难上加难。人们很快就会转移注意力，也不容易再回过神来关注你。不仅如此，如果你有一定程度的自我意识（很难过，许多演说家和演讲者不具备这种意识），你就会意识到你并没有吸引听众，这会进一步加剧你的焦虑感，进而会妨碍你有效地沟通。

如果你有一个立刻吸引听众的好的开场，那么也可能会发生别的事情。比如，你开始放松了。

问题是：你如何抓住人们的眼球并吸引他们的注意力？记住，即使在与某人一对一的会面中，你仍然想要得到他们的注意并产生影响。这里我们要探讨四个方法。我并不建议你同时使用它们，但是下次演讲时，你一定要确保至少使用了其中一种方法。

拟一个引人注目的标题

这是大多数人从未考虑过的事。如果有个好的标题，那你在开口之前就可以引起听众的注意。

在刚开始成为演讲者时，我并没有把太多的注意力放在演讲的标题上。因为我在压力管理方面有丰富的经验。所以我的名字通常出现在会议名单上的"压力管理"一词旁边。现在，由于我的演讲风格，我经常被安排在午饭后出场。然而，我的大部分听众以前没有见过我，所以不知道我的风格。他们期待的是面对盘子里的鸡蛋三明治、印度洋葱饼和黏黏的太妃糖布丁，倾听一个人喋喋不休地谈论压力。

如果我的标题与众不同，那会有什么效果呢？如果我的名字旁边的标题是"当你们所有人都紧张得喘不过气时该怎么办"，是不是会产生不同的效果？当然你也要了解你的听众。我并不是说，当你下一次向公司内部高管演示时，你必须想出一个有趣的、有创意的，甚至可能好笑的标题。我只是想说，有必要多想想你的标题。

我有时候会谈论工作中的人际关系。这时我会使用"如何与客户和同事建立双赢关系"这一标题。我承认这没有什么值得令人震惊的，但它至少给了我的听众一个清晰的好处和理由来听我讲话。或者，我也可以把这次会议标题改为"如何对待而不是压制与你一起生活和工作的人"，这是不是引起了你的注意？

维珍集团有一个员工调查，它不是简单的"职工调查"，而是叫作"你的爱有多深"。多么好的吸引职工的方式啊！这完全符合维珍集团的文化。

下面是我利用标题来吸引听众的另外一个例子。

我曾在曼彻斯特一家英超足球俱乐部工作了几年。我偶尔会为球员和工作人员举办研讨会。这些研讨会通常可以选择性地参加，但当我与 21 岁以下的人一起工作时，会议是强制性参与的。从球员的肢体语言中可以很明显地看出，他们中的一些人根本不想参加。在他们三三两两缓慢地走进房间时，我会透露出会议的标题。我提出了一个问题。

我的开场白很简单，那就是："成功只是运气好吗？"在我开始演讲之前，早到的球员就已经开始互相讨论这个问题了。我都还没开始演讲，他们就被吸引了。

这同样适用于你的邮件主标题。我曾想与和我在一个俱乐部工作的一位教练开个会。他因两个特点而出名：一是很少回复邮件；二是作为一名教练，有强烈的提升自己的愿望。刚开始时，我的主标题为"聊聊天，叙叙旧？"但是就在我按下发送键之前，我重新阅读了这封邮件，并问了自己一个问题。我是否给了这个家伙一个有说服力的理由，让他主动打开我的邮件呢？于是，我更改了标题。新的标题是"如何让下一个赛季变得更好"。果然，我在

30 分钟内就收到了答复。

我在自己经营的公共演讲大师班上分享了这些想法。一位从事健康与安全工作的参与者开始在他的演讲中使用这个标题："安全不是偶然发生的。"这在许多人心中是一个非常枯燥的话题。你不觉得吗？另外一位客户是一家与学校合作的保险公司，在谈到员工缺勤的影响时，该客户使用了这个标题："距离产生美？"

但是，如果我不分享一下我认为迄今为止我见过的最好的演讲题目之一，我就无法完成对这一特定的技巧的介绍。它出自一个在英格兰地方议会工作的人。他负责这个区域的墓地。由于墓地里的墓碑年代久远，加上前一段时间的强降雨，导致其中一些墓碑松动了，存在安全隐患。有一次，一块墓碑倒在地上，砸伤了一名妇女。于是他发表了一场演讲，目的是提醒公众注意安全问题，并确保松动的墓碑恢复安全。他演讲的题目是什么？"不朽的纪念——如何永远挺立。"

停下来思考

　　你能为你的演说想出一个比你现在使用的标题更吸引人的标题吗？你可以考虑一些替代方

案。在你的脑海中酝酿一下。根据我的经验，这
个标题会在你最意想不到的时候出现。

记住 90/90 规则

让我们再讲得明白一点。除了标题，你还要创造一个
强有力的开场白，这实际上是从你开口的那一刻开始的。
当你发表演讲或者演说时，你对听众产生的 90% 的影响
几乎都是在演讲的前 90 秒内产生的。有些人认为这个时
间或许更短。不管怎样，你都拥有一个黄金时间，你可以
在这个时间段内赢得听众或者迅速失去听众。现在我们已
经知道，我们是通过封面来判断一本书的，而且第一印象
很强大（尽管并不总是正确的）。所以，从这一点来看，
在开场白中直奔主题很重要。

这意味着你要马上改变。你要记住一点，即你是在短
跑而不是在跑马拉松。在马拉松比赛中，你可以慢速起跑，
但是在 100 米比赛中你不能这样做。如果尤塞恩·博尔特
（Usain Bolt）起跑缓慢或者犯规，那么他也很容易被击败
或被取消比赛资格。在演讲开场的这 90 秒内，你不应该
说什么和你应该说什么是同样重要的。

不要以一大堆冗长的陈词滥调开场，比如，说你感到多么荣幸。这样说可能会显得很礼貌，但说实话，这也很无聊（如果你记得的话，我们在上一章中提到过这一点）。在展示用的幻灯片中不要先列满会议目标，然后再慢慢逐一浏览。这是一个安全的、标准的开场白吗？绝对是的。但它会帮你从人群中脱颖而出吗？绝对不会。

同时，要避免从讲笑话开始，除非你是一位喜剧演员，或者你以前使用过很多次这一技巧，以至于你知道听众一定会笑。它能用吗？当然可以用。事实上，它也许会帮助你有一个良好的开端。但是如果搞砸了，那么你就是在打一场你自己创造的艰苦战斗。可能你会恢复平静，但是为什么一开始就把自己置于不利位置呢？

现在，在开头 90 秒内到底做什么，你有很多个选择。我们将在本书其余部分探讨这一点。重要的是，你要意识到你的开场很重要，并且能产生影响。当我指导我的客户时，我期待他们的讲话开头包含两个要素：精气神以及参与其中。当你和一小组人交谈时，相比和一大组人交谈，你的精气神可能会有所不同。即便如此，也不要把它当作你在极度疲劳的一天结束后进行的悠闲的、随意的交谈。精神一定要放松，但也要集中注意力。从开口的那一刻起，你就要清楚自己要说什么或者做什么。你要创造第一印象，不要顺其自然。以你在前 90 秒内的开场方式来影响它。

你的目标是让听众有以下部分或全部想法：

● 这个演讲可能很有趣；

● 我要听这个人说话；

● 我待会再查我的电话，我不想错过这个演讲；

● 我很感兴趣，我想了解得更多；

● 无论我以前在想什么，我都忘了；

● 感觉这个演讲听起来会很棒；

● 我有一个有趣的感觉，我会享受这个演讲；

● 哇，他们一定知道他们在说什么。

请记住：这是"90/90 规则"，而不是"我最后会暖场规则"。

下面是吸引观众眼球的第三种方法。

让听众参与进来

演讲和演示可以被看作一种单向的沟通形式，所有工作你来做，你的听众不过是被动的旁观者。但事实并非如此。你可能开始就想好了"以什么方式让听众参与进来"。

我们在这里列出了一些方式。

让他们做些肢体动作。如果他们在你演讲之前就已经坐了很长时间，那么在这种情况下更应该让他们活动下肢体，恢复能量。我会要求听众站起来，和房间里的其他人打个招呼，讨论目前他们的领域进展如何，以及截至目前他们从会议中得到了什么。或者我可以让他们讨论一下他们目前工作中最大的挑战是什么，以便为听我的演讲做好准备。我也经常让人们回答我的问题。比如，"你们中有多少人在过去两年里乘坐过飞机？"这不仅能立即产生互动，而且还能引出我想在演讲中提出的开场白。

在我的"如何使沟通具有影响和作用"的研讨会上，我把我演讲的一些关键信息打印在纸上并装在信封里。我会把信封随机发给我的听众。一共有八个信封，每个信封里有一个观点。人们会注意到信封上的号码，只有在我要求他们打开时他们才能打开。这是保持听众注意力的一个很好的方法，尤其是如果你碰巧是那个拿信封的人。

如果你在开团队会议，那么你可以从"谁想分享一些与工作相关的好消息"这个问题开始。我认识的一位客户会这样做，他会给分享过的人发一些小零食，通常是巧克力或小蛋糕。这会让听众立刻感受到能量和参与感。

有时候，这种参与可能不是肢体上的，而更多的是精神上或情感上的。我可能会说："如果我必须用一种比喻来描述我的生活，那么我会说这有点像过山车。一路上，我经历过一些高潮但也跌入过低谷。"然后，我停顿了一下，看着我的听众问："有人能理解这个吗？"然后，我会再次停顿，同时保持眼神交流。人们开始点头。如果他们不点头，我就会打破沉默，说"所以，那就只有我了"这句话。这通常会引起笑声，然后我会重复问这个问题。我让听众意识到，当我问一个问题时，我是在寻求某种回应。

停下来思考

花时间思考一下，当你与听众交流时，怎样才能让他们参与进来。我提供的哪个方法对你有用？你什么时候可以尝试这种方法？

以下是关于如何吸引听众的最后一个点子。

创造好奇心

坦白地说，我十分喜欢八卦。当有人说"我能告诉你一个秘密吗"，我不会想"你确定这是明智的吗？你真的考虑过你要告诉我的秘密的影响吗"。表面上，我可能会试图压制我的热情，但我在内心深处会急切地喊道："快点告诉我，快点告诉我。"

我的妻子经常会说"你永远猜不到我今天见到了谁……"当我问是谁的时候，她却总是回答"我最好还是不说了"。什么？究竟是谁？那在当天剩余的时间里，我会因为好奇而没完没了地问她（说句公道话，我的唠叨通常会让她在不到三分钟内就泄露秘密），因为她不可能不理我啊。我一定要知道。我认为我不是唯一一个有这种感觉的人。

好奇心肯定会激起听众的兴趣。

要知道，大多数人喜欢知道别人不知道的事。或许这助长了我们的自尊心，让我们觉得自己很重要。或许，我们每个人天生都有一种好奇心。毕竟，正是小孩子永不满足的好奇心帮助他们发现了自己的世界。事实上，好奇心与人类的发展密不可分。想一想，有多少电视肥皂剧使用这种技术，以确保我们在广告之后继续收看或者记住下一集播放的时间。20 世纪 70 年代末，数百万人被一个简单的问题"谁杀了 JR"吸引住了。如果你当时太小还不记得，那你一定要用谷歌搜索一下。知道杀死 JR 的真凶后，你会大吃一惊。他活下来了吗？你得弄清楚，不是吗？

有一次，当我切换电视频道时，偶然发现了一个节目——《谁想成为百万富翁》（*Who Wants to Be A Millionnire*），这个节目一直吸引着我的注意力。几分钟内，我就上钩了。参赛者在给出答案之前似乎已经挣扎了很久，然后坐在那里焦急地等待着看自己的答案是否正确。

等待真是折磨人。最后，智力游戏的主持人看起来像终于要让参赛者和观众摆脱痛苦了。然后，他说了什么？类似于"广告过后，我们会知道你是否赢得了 25 万英镑"的话。我不在乎我们当时是否已经预订了餐厅。即使我们已经晚了 20 分钟，我也不介意。我一定要知道接下来会发生什么事情。但是我的家人却着急了，家庭纠纷便因此而起。

我们怎样利用人类的求知欲，并以一种人们真正想要的方式讲话呢？看看我是如何做的。

当我谈论 SUMO 时，我会解释说它是几个单词的首字母缩写，代表"Shut Up, Move On"。但是，我又回想起与一些学校合作时遇到的问题，它们热衷于用 SUMO 原理指导孩子们，但是并不愿意使用"Shut Up"这个词。我解释了我面临的困境，但是没有立即说出我会如何克服这一异议。我想要引起一些好奇心。

最终，我解释了 SUMO 也可以代表 "Stop，Understand，Move on"，让我的听众"知道这个秘密"。很多时候，我的目标是欢迎听众进入我的世界，并向他们揭露一些大多数人不知道的事情，即使他们熟悉我的作品。但是，又不仅限于此。之后，我将在我的演说中探讨我们在工作内外做选择的重要性及其结果。然后，我会说出下面几句话。

"你会喜欢下一个观点的。"我停顿下来，向前倾身走向观众，然后用平静的声音说道："SUMO 作为一个缩略词，而且是拉丁文中的一个词，可以是这个意思……"我再一次短暂停顿，最后才揭晓它的含义。想知道吗？好的，让我们继续吧。"SUMO 在拉丁文中的意思是'我选择'。"我的听众中几乎没有人知道这个意思，如果有，也很少。

大脑喜欢获取新信息，人们喜欢发现别人完全不知道的东西。

另一种引起好奇心的方法是提问。这里有我看到或者听到的一些问题：

● 今天影响医院的最大问题是什么？

● 你每天应该做哪五件事来改善自己的生活？

● 导致人们生活压力的最大原因是什么？

提出一个没有明显答案的问题，你的听众就会立刻被吸引。然后，解释一下你打算如何在演讲中回答这个问题。相信我，你会引起人们注意的。所以，如果你想吸引听众的注意力，就要创造好奇心。你要让听众产生一种想知道你打算说什么的欲望。你提的问题不要太容易，不要在开头五分钟内就把一切都告诉他们。带他们去旅行。刺激他们的食欲，但在他们还没来得及消化开胃菜之前不要给他们上甜点。要想让人们参与进来，就要保持住他们的好奇心。

停下来思考

你在演讲或会议的前90秒会花费多少时间和精力？你有没有意识到准备一个好的开场白以及这样做的好处？反思一下你的上一次演讲或者演说。你有意或者无意做了什么来吸引观众的眼球？

我的总结

我们探讨了四种吸引观众眼球的方法，这些方法可以让他们从一开始就参与进来。你可以在下一次演讲使用以下的方法：

1. 创造一个吸引人的的标题；

2. 记住 90/90 法则；

3. 让听众参与进来；

4. 创造好奇心。

方式 6　成为艺术家

我想做一个小小的思维实验来开始本章的内容。别担心，这个实验并不难。你可以自己偷偷做，但如果你想在公共场所阅读这一章，那再好不过了。你不需要具备什么特别的知识或者经验。你准备好了吗？开始吧。

我想让你想一个词：早餐。

现在请暂时闭上眼睛，花三四秒钟想一想"早餐"。

你脑海中会浮现出什么画面？培根三明治？一碗玉米片？穆兹利（一种混合了碾碎的燕麦片、坚果、干果制成的食品）？香肠和鸡蛋？带咖喱酱的玛氏巧克力棒和薯条？

你想起了什么？我很好奇。

你只想到了"早餐"这个词，并看到了它在白板上呈现为两个黑色的字？肯定不是。我也一样。现在，从这个简短的实验中，我认为我们刚刚发现了一些非常有趣的事情，是的，我明显地意识到了。

人们会用图片进行思考。

要知道，当涉及我们的五种感官（视觉、听觉、味觉、触觉和嗅觉）时，视觉是与我们接收和处理信息的速度相关的首要感官。因此，我有个问题：当谈到你如何与他人进行沟通时，你要费多少心思在人们的脑海里形成图像？

回想一下，我们之前探讨的演讲的第一大罪状——传达的信息缺乏吸引力。这其中的一个主要原因可能是，我们与听众交流时缺乏吸引他们的图像。不过，好消息是，有一些简单实用的方法可以帮助你成为一名艺术家，并在人们的脑海中描绘出图画……你甚至不需要用画笔就可以做到这一点。

让我们先关注五个方法，稍后我会用一整章内容来讲其他的方法。

使用幻灯片

是的，这是一个简单的开始方式。我们知道有的幻灯片可能很糟糕，因为它们挤满了文字，研究这些文字大约和研究最新的欧盟球芽甘蓝的进出口法规一样无趣。

我们之前探讨了如何制作有吸引力的幻灯片，所以你可能想回顾一下我在那一章末尾给你的提示。这里我想快速提醒其中的一个要点。

如果你曾经使用过幻灯片，注意减少（而不是取消）文字的使用，并尽可能地使用更多的图像。例如，当我探讨 SUMO 原则时，我可以通过在屏幕上显示文字来介绍它，但我没有这样做。我只展示了一张填满屏幕的河马的图片。同样，我的演说大师课中有一节叫作"贝克汉姆和麦当娜的经验"。下面是我使用的幻灯片。

图片可以增加影响力。

如果你还需要让人信服这一事实，那么回想一下2015 年 8 月 3 日这一天。那一天，全世界都意识到了叙利亚难民危机——当时，三岁的艾兰·科迪遇难，被冲到了土耳其的一个沙滩上，他的那张照片震惊了世人。就是那张照片最终使人们开始认真地对待叙利亚难民的困境，这比任何数据都有用。

使用道具

当我在活动中发言时，我总是要求放一张小桌子。我不仅想要一个地方来放水杯，也想要一个放道具的空间。有趣的是，在我们这个高科技时代，大多数听众并不会期待演讲者会使用什么道具。他们只知道很多演讲者会使用幻灯片，甚至是视频。但实际上，道具是会产生影响的。

最近，我在经营演说大师班，一位女士带来了一个大桶，桶上贴满了胶布。她为什么这样做呢？她解释说，公司可能在用利润填充他们的"桶"，但由于系统不完善，会存在欺骗和偷窃的情况，其中一些利益正在流失。在一些人眼里，胶带可能不是最恰当的比喻，但是她想证明她的观点有助于修复这些漏洞，并且帮助公司保留更多的利润。

在我工作期间，我参加过上百场演说，但是安妮的演说却脱颖而出了。为什么？因为它是可视的、令人难忘的，而且有点与众不同。

当比尔·盖茨想要谈论他渴望消除疟疾时，他把一个装着一些活蚊子的玻璃容器作为道具带上了舞台。演讲才开始五分钟，听众就变得非常失望，于是他把蚊子放了出来，让听众们不要担心，因为这些蚊子并没有携带疟疾。这个特殊的道具确实吸引了听众的注意。他的现场证明永远不会被忘记，不仅不会被那天听他演讲的人忘记，也不会被成千上万个后来在网上听到他讲话的人忘记。

在很多情况下，我发现道具是帮助我表达观点的最好的方式。没有它们我会不知所措。去国外演讲时，我总是把道具放在我的手提行李箱里——我很担心它们丢了。我可不希望我的道具丢在某个偏僻的地方或者糟糕的地方。

我经常使用的道具之一是沙滩排球。你一定想不到一个来自曼彻斯特这个阳光不那么明媚的城市的男人和沙滩排球有什么关系。不过，有意思的是，这是我被人们记住的其中的一个特点。我以前提到过这个特别的道具，现在我可以再详细讲一下。

　　我的沙滩排球上有六种不同的颜色，分别是蓝色、白色、绿色、红色、黄色和橘色。但是，当我在听众面前举起沙滩排球时，我朝一个方向举着就意味着他们只能看到六种颜色中的三种。我也看到了三种颜色，但是因为我在沙滩排球的一面，而听众在另一面，所以我们彼此看到的颜色不一样。

　　我想表达的观点是，在生活中，人们在面对相同的情况（沙滩排球）时，从不同的角度出发，可以看到和其他人完全不同的东西。然后，我一边把沙滩排球慢慢转过来一边说："如果我们想与他人建立更好的关系，并与人更有效地沟通，我们就不能只从自己的角度去看待事情，还要学会从他人的角度看待事情。"

　　在我演讲结束之后，我看到了沙滩排球的另外三种颜色，我的听众也是。

　　使用实物教具比不使用教具时更容易解释，并且对听众的影响也更大。

　　当我的朋友戴夫来听我演讲时，这个特点变得更加突出了。戴夫是我最亲密的朋友之一，而且他非常熟悉我的SUMO 原则，包括"记住这个沙滩排球"。戴夫演讲经验非常丰富，所以当我演讲完之后，我会听听他的反馈。

"戴夫，你最大的收获是什么？"我犹豫着问他，因为戴夫的观点以直言不讳和残忍著称。他认为这点可能与他出生在约克镇有关系。

戴夫对此印象深刻，尽管他确实提到，他认为我的鞋子看起来像慈善商店的废品。有时候，你很难相信他兼职做自尊顾问。

"老兄，你的沙滩排球讲解得精彩极了。"他坦白地说道，他的语言稍微生硬了点。"真的吗？"我问道，"但是这个观点我已经讲过很多年了。我很惊讶，这么熟悉的东西竟然会产生这样一种影响。"

然后，他说了一些非常有趣的事情——这对戴夫来说并不常见，但是像日食一样，值得等待。

"你以前谈论过沙滩排球，你在电话里已经解释过了。不过，今天我亲眼看到了。"

道具不仅仅指沙滩排球。

如果你想脱颖而出并被人记住，那就想象在下次演讲或者演说中你可以使用的道具。

使用视觉语言

有时候，你不需要用幻灯片或者道具来绘制场景。这些都是外部工具，真正酷的事情是：你可以通过使用内部工具——你使用的词语，在人们脑海中创造出画面。要知道，我们的语言也是我们"绘画"的工具。

~~~~~~~~~

一些演讲者只使用灰色，甚至只使用50度灰。只有一种色度会显得非常单调。

~~~~~~~~~

如果你使用的唯一一种颜色是灰色，那么你将无法产生太大的影响，也不会给人留下深刻的印象。在描述一些内容时，你所用的语言越直观，它就越吸引人，并且越令人难忘。你的话的确可以在听众的脑海中创造出画面。

例如，当你想说明寻找某物极其困难时，你可能会用"大海里捞针"这个说法。当你试图解释把人员组织起来很有难度时，你可能也听到过"就像放猫"（it was like herding cats）①这个说法。这些解释确实会奏效，不过我想提醒你最好使用大家不太熟悉的表达。一个短语越常见，即使是视觉上的，它的影响力会越小。要知道，下面这句话真的有些道理：

---

① 放猫，是一个习语，指试图去控制或管理一群无法控制或出于混乱状态的个体。代指不可能完成的任务。——译者注

亲不敬，熟生蔑。

当然，这可能不完全是轻视，我们的大脑只是更容易注意到新颖的表达，对正常的表达则关注较少。

我最近碰到了一些例子，它们吸引了我的注意力。我之前没有见过它们，它们是使用视觉语言的绝佳例子。

- 这就像在柔软的沙滩上骑自行车，虽然你非常努力，但进步不大。
- 就像在盒子上没有图画的情况下试着做拼图。
- 就像在黑夜里打一个黑色的高尔夫球。
- 我太生气了，以至于看起来像一头在嚼黄蜂的斗牛犬。
- 这就像试图教一只狗如何下蛋。
- 这就像向蚂蚁解释互联网是什么。
- 我们把成功写在了沙子上，但却把失败刻进了混凝土中。

一位客户试图向我解释她自己的健康机构需要进行的重大改变，并使用视觉比喻来说明她的观点。她说："如果我们卖书，不是要成为史密斯书店和水石店①，比这个还要彻底，我们要成为亚马逊。"我很快理解了他们面临的挑战，像前面的例子一样，她的解释生动且吸引人，而且很快就把重点表达清楚了。

---

① 史密斯书店和水石书店都是英国著名的大连锁书店。——译者注

　　贝利尔是我遇到的最高效的沟通者之一，她会巧妙地使用视觉语言。我别提有多喜欢她了。贝利尔是我的理财顾问，而且已经为我服务超过 25 年了。她为人友善，平易近人，而且显然是其所在领域的专家。但是这些并不是我 25 年来一直聘用她，并把她推荐给无数人的原因。我确定还有许多和她一样优秀的理财顾问。那么，我为什么推荐她呢？因为她能简化沟通的内容，她说的话总是那么通俗易懂。

　　我承认，这听上去不是特别值得惊讶，但是对我来说确实意义重大。我喜欢文字，但讨厌数字。数字让我感到不舒服，就像左脚穿着右脚的鞋一样。所以，当我听到像复合增长和资产支持型证券这类财务术语时，我的大脑会失去兴趣。但是，不喜欢也没办法避免。财务问题很重要，这正是贝利尔的用武之地。

　　她使一切都变得通俗易懂。她会使用我理解的语言为我讲解专业问题。提到这些术语时，贝利尔总是会说："所以，真正的意思是……"她甚至会拿出一张纸，画图解释。我不认为这是在摆派头，这很有用。记住，人们会用画面进行思考。

　　我认为我理解财务术语很费力不是因为智商问题。贝利尔意识到，像大多数人一样，如果你对某些术语不是特别熟悉，那么你可能需要一些帮助才能理解它们。遗憾的是，不是每个人都和贝利尔一样。

许多沟通者会滔滔不绝地说出大量事实、数据、行话和首字母缩略词，这样做不仅没有考虑到听众的需要，也没有考虑到他们的知识。他们不明白的是，听众中的很多人不愿意说"也许是我，但我不知道你在说什么"。他们的沉默也不一定表明他们理解，很可能反映了他们的困惑。

一名优秀的沟通者会与听众建立起沟通的桥梁。他们不会让听众感到困惑不解。

贝利尔是一位非常成功的女商人。她明白只记住一首歌的歌词不会让你成为一位伟大的歌手，作为一名财务专家也不能使你成为一名成功的理财顾问。但是，如果你能够清楚地表达你的专业知识和专业技能，那么就能实现这一点。相信我，对贝利尔有用的，对你同样有用。

注意你的语言，想办法使它视觉化。

截至目前，我们已经在本章中探讨了幻灯片、道具以及视觉语言可以如何被用于绘制画面。现在，让我们再来研究一下另外两个工具。

阐释你的观点

有时候，当你表达关键的想法和概念时，只用理论上的抽象术语来谈论很容易。现在，就你个人而言，你可能对这些想法既有兴趣也有热情，并且有能力清楚地看到它们都是如何融入这张大图的。但是，你的听众可能不会。要知道，抽象艺术一般很难直接体现外部现实，大部分演说和抽象艺术相当类似——它们与现实无关。

转变、协同作用、范例、重新设计、杠杆作用和以客户为中心这些词可能听上去令人印象深刻，但是它们实际上是什么意思呢？你面对的挑战是把你说的和人们所处的现实世界联系起来，这样他们就能明白你实际上在说什么。

有些人说得多，但是沟通得很少。

所有演讲者都不应该指望听众会费力地理解他们复杂的演讲，并试图弄清楚他们到底在讲什么。你当然可以激励听众思考，但不要把他们陷入困惑中。

首先，记住下面这一点。

简化信息的目的不是把它变简单而是要使它变得更容易理解。

让我来具体解释一下。演讲的时候，我想向听众介绍一下 SUMO 原则。这是一种基于认知行为疗法的、以解决方法为中心的思维。但是 SUMO 读起来有点拗口，所以我把它称为"古怪思维"，即 T.E.A.R，分别代表思维（thinking）、情绪（emotions）、行动（actions）和结果（results）。我们的思维水平最终会影响我们的生活质量。现在我真的认为我清楚准确地解释了我的意思，但是它仍然是一个理性概念。我需要做的是把这个概念变得生动起来，把它转变成具体而有意义的例子。换句话说，我需要说明我的观点。这就是我要做的。

前面我提过弗兰克。弗兰克显然不想参加我的培训课。他是被派来的，我可以从他的肢体动作判断出来。他看起来像被判了刑一样。当他进入房间时，我注意到了他的不安，便走上前去迎接他。

当我伸出手和他握手说："你好，我是保罗·麦吉。我在主持这场培训。很高兴见到你。"

他的回答是："这个培训几点结束？"他无视我伸出的手，并避免进行眼神交流。

　　我还没来得及回答，弗兰克就带着轻蔑的神情环顾了一下房间，继续说："我不知道为什么我要来上这门课。我七年后就退休了。"

　　我在弗兰克走进房间之前就探讨过弗兰克对我的课程可能持有的想法。公平地讲，我认为这些想法暗示的就是"我不想待在这里"，它们会影响弗兰克的感受或者情绪。他的想法和情绪会影响他的行为。有趣的是，弗兰克的行为主要是以不动的形式出现的。在课程中，他大部分时间都背对着我。我问听众："这些行为影响他的结果了吗？你猜一猜。"然后，我解释了我是如何知道弗兰克的结果是什么的，因为他把结果写在了一张评估表上。"我认为今天完全是在浪费时间。不过我并没有感到失望。"

　　谢谢弗兰克。

　　我还讲了一个关于我如何与克莱夫·伍德沃德（Clive Woodward）先生共事的故事。克莱夫·伍德沃德爵士是英格兰联合橄榄球队的教练，该队在 2003 年赢得了世界杯冠军。我解释了这一切是如何从我的脑海中的一段对话开始的，以及在读完他的《赢》（Winning）一书之后，我是如何决定给他写信的。我也给他寄了一本我的书《创造与享受美好生活指南》，克莱夫先生看过之后，联系了我，说想和我合作。我把这个故事看作 T.E.A.R 如何在现实生活中上演的具体事例。

~~~~~~~~~

如果你真的想让人们记住某些事情，那么你要去使用具体的例子。

~~~~~~~~~

将数据变成图画

还记得我的朋友戴夫吗？他训练自己的大脑做了一些了不起的事情。他将圆周率 π 记到了小数点后第 22 500 位数字。是的，你没看错。他也可以记住一副洗过的扑克牌，并且在五分钟之后重新把准确的顺序告诉你。是不是令人印象深刻？但情况是这样的：他不是天生就有这种特异功能的。

他使用了一种策略，这个策略可以帮助你在沟通中发挥影响力。他就是这么做的。真的很简单。

他把数字变成了图画。戴夫的策略之一是将抽象的事物，如梅花 2，转变成一些更具体的、更难忘的东西。他把每一张扑克牌都变成了一个人。是的，没错——每张牌都代表一个令戴夫难忘的人。

我们仍然拿梅花 2 为例。数字 2 变成了字母表中的第二个字母——B。在这种情况下，花色为梅花，以字母 C 开头，所以他用首字母 BC 记住了某人的名字。不一定是我们都认识的人的名字，只要他知道就行。我从戴夫那里了解到，他用梅花 2 联系起来的人实际上我们大多数人都认识——美国前总统比尔·克林顿。

要知道，我们从一出生就被编写了识别和记录人脸的程序。这就解释了为什么比尔·克林顿比梅花 2 更容易被人记住。好的，我猜你在好奇"这一切都很好，但是这个主意对我有什么帮助"。

很高兴你这样问。起初，当你在演讲或者演说中使用数字时，要注意不要用太多数字压垮听众，除非是绝对必要的时候。有时候，你显然需要用一些数字来证明你的观点，但是不要过度使用。不论你使用多少数据，像 37%、428 734 或者 18 万亿英镑这样的数字可能对你的听众毫无意义。你面临的挑战就是，像戴夫用他的扑克牌所做的，你必须把数字转变成更令人难忘的东西。要做到这一点，你就要把事物变得更直观。

你可以用两种方法做到这一点。

第一，使用百分比。短语"将近四成的人"比"37%"更容易被记住和理解。下次你观看或者收听新闻节目时，要注意支持人们使用这种策略表达最新的研究数据。第二，单独的数据意义不大，要把它们和别的东西进行比较。例如，你可能想说18万亿英镑相当于这个国家未来几年的教育支出。因为有了比较，所以这个数字现在有了某种意义。

几年前，我在收音机上听到一个人说狗的嗅觉比人类的嗅觉灵敏得多。他使用的例子可能不完全准确，但这个画面至今仍会出现在我的脑海里。在试图去解释狗的嗅觉比人的嗅觉灵敏多少时，他说这就像用一张邮票和一个足球场比较大小。你明白我的意思，不是吗？这种比较能帮助我们立刻了解狗的嗅觉比我们自己的嗅觉灵敏多少。

下面是最后一个如何用你的画笔使数字变得有意义的例子。

史蒂芬·柯维在他的《高效能人士的第八个习惯》一书中提到了一项对两万多名员工的民意调查，并且详细解释了从这次有关员工敬业度的调查中得出的数据。这些数据很快就会被遗忘。所以，柯维做了什么？他把这些数字转化成了人们能够认同的难忘的例子。他提炼了两万多名员工的反馈，并将其与一支足球队联系了起来。

如果把员工转换成足球队，那么他们的敬业度得分看起来就像下面这个样子。例如，球队中有四个球员知道他们的进攻目标，而其中只有两个在乎这些目标。球队中的九名球员更是沉迷于互相竞争而不是和对手竞争。

突然，统计数字和百分比就有了更大的意义。即使你不喜欢足球，这种解释也很有说服力。而且这比一长串百分比更吸引人。不是吗？

不要用机关枪向人们发射数据。要用画笔把数据变得有意义并且让人难忘。

你说的内容都被视觉化了吗？我们之前已经谈论过幻灯片了，你可以用哪些方式使幻灯片更具视觉吸引力？或者你对它们的使用方式满意吗？你曾经用过道具吗？你见过其他人有效地使用过道具吗？你的演讲文稿中有没有一部分可以通过使用道具来增强效果？如果有，你会使用什么道具？你在何种程度上意识到需要举例说明你的观点？

记住，你清楚的东西听众可能并不那么清楚。

你在与他人交流时会使用数据吗？我们探讨的想法能如何帮助你以更难忘和更有意义的方式分享这些数字呢？

我的总结

我们探讨了五种在听众脑海中描绘画面的方式：

1. 使用幻灯片；

2. 使用道具；

3. 使用视觉语言；

4. 阐释你的观点；

5. 将数据变成图画。

你会关注哪种方式，在下次演讲时可以使用，以确保你的演讲更有影响力、作用更大？

方式 7　学会讲故事

让我们从希腊人伊索开始吧。这个名字听起来很熟，是吧？有没有听说过《龟兔赛跑》的故事？它是伊索写的。"酸葡萄"这个词听上去耳熟吗？这个词摘自他的一则寓言。

伊索是一个很会讲故事的人，他写了许多故事，我认为这些故事可以总结为"生活中的教训"。这些故事通常被称为寓言故事——一种典型的以动物、神话中的生物或自然力量（比如风）为特征的文学体裁。故事的主角都被赋予了人类的特点，比如说话的能力。伊索出生于希腊，比耶稣早降生大约 600 年，他的外表相当有趣，大腹便便，脑袋畸形，胳膊短小，双腿弯曲，鼻子扁平且双眼斜视。如果他生活在今天，凭借 Photoshop 软件，他的公关人员可能会让他的照片看起来像汤姆·克鲁斯。

现在，上述内容有多少准确性，我们不能肯定，但他已经和那些他死后 2500 年仍在全世界流传的故事联系在了一起。所以，他肯定留下了一笔遗产。

　　还有一个人我们要学习，他就是耶稣。人们对耶稣的了解可能比对伊索还多，尽管我倾向于忽略好莱坞对耶稣的描述——有着一头金色长发和一双深邃的蓝眼睛的帅哥。我想，也许他有着非典型的容貌，出生在中东，有着犹太血统……只有我这么想吗？

　　那么，耶稣和伊索有什么联系呢？简单来说，他们的联系就是故事。

　　听说过《善良的撒玛利亚人》吗？与寓言故事不同，《圣经》中的寓言故事利用人物特点来传达信息。你可能记不住准确的细节，但是大多数人能领会故事的主旨。当时，撒玛利亚人是被犹太人蔑视的敌人，犹太人生活在罗马人的统治之下，他们碰到的麻烦太多了。耶稣有一种能够吸引听众的技巧，他常常用自己的问题回答问题，或者在这种情况下讲故事。

　　例如，他被问到的一个问题是："我的邻居是谁？"现在，他本可以继续发表一长段感人肺腑的演讲，演讲内容充满陈词滥调、各种自我感觉良好的讲话片段，以及和孩子们一起做脸部彩绘，分发一束雏菊，并要求大家手拉手，吸入宇宙正能量。但是这种方法并不是这位前儿童难民和兼职木匠的风格。

　　他声情并茂地讲了和听众有关的故事，听众很容易记住。事实上，和他那个时代的许多沟通者一样，他采用了一种吸引观众的策略，正如我们稍后会在本章中看到的，这个策略背后有很多科学依据。像伊索的故事一样，耶稣的故事至今仍在流传。

现在让我们现实一些吧。2000 年以后，如果人们仍然生活在地球上，他们可能不会讨论你上周的 PPT 演示文稿或者最近在职工大会上的发言，你的许多演讲日后也不可能被改编成史诗级系列电影。但是，无论如何讲故事都能助你一臂之力，可以从多个方面来解释这一点。

你看，从两万多年前的洞穴壁画开始，一直到现在，讲故事已经成为我们如何与其他人交流的基础。在我写这本书的时候，新的星球大战电影《原力觉醒》已经上映，而且和《圣诞老爸》争夺着公众的注意力。什么是星球大战？它是个精彩的故事。

无论是看书、看电视肥皂剧还是听办公室的最新八卦，真相是我们都喜欢好故事。无论我们的年龄多大和文化背景如何，事实就是这样。这是为什么呢？科学会告诉我们答案。

当我们听一个充满事实、数据和要点的演讲时，我们大脑的某一部分就被激活了。这些信息刺激了我们大脑中的语言处理部分，在那里我们破译出单词的意义。你大脑的其他部分及其功能基本不受干扰。

现在想象一下，用一个五口之家代表你的大脑，当你只交流事实和数字时，家里只有一个人醒着，只有一个房间开着灯，其余的人都在黑暗中睡觉。但是，当你讲故事的时候，情况就变了。突然，一家人全都醒了，几乎所有的灯都亮了。

当你讲故事时，不仅仅大脑的语言部分被激活了，而且我们感受故事情节时会用到大脑的其他部分。当你在讲故事时，你真的可以把观点、想法和情感植入听众的脑海中。

~~~~~~~

故事唤醒了整个大脑，就像给你的大脑做按摩一样。

~~~~~~~

如果你在描述逃离一种特殊的威胁，听众大脑的运动皮层就会变得活跃，即使他们一动不动地坐着，听你说话。而使用诸如"烤面包""现磨咖啡"和"香皂"之类的词可以引起我们大脑中用于嗅觉的部分产生反应。

现在有大量关于这个主题的科学研究（从脑部扫描和神经系统科学家的工作中收集），可以帮助我们理解故事的力量及其对大脑的影响。

但是，你并不需要科学家来说服你，不是吗？耶稣和伊索都是讲故事有效的证明。你自己的经历证实了这一点。

当观点通过故事表达出来时可以让人记住的时间更长。

你知道，故事会吸引人的整个身心——不仅仅是他们的理智，还包括他们的情感。它们比你传达数据或一系列统计数据更令人难忘。如果你想改变或者影响人们的行为，不要认为只吸引他们理性的大脑就足够了，你也需要吸引他们的情感。显然，这正是故事的优势所在。

事实是用来讲述的，故事是用来销售的。

在 2008 年巴拉克·奥巴马第一次总统竞选期间，他讲了一个幽默而又鼓舞人心的故事。有一次，他在只有20 个人参加的会议上发表演讲，在他感到疲惫和痛苦时，一位 60 岁左右的女人突然开始唱圣歌："鼓足勇气？准备出发！"随后，其他人也开始加入，在几分钟之后奥巴马感觉到自己也变得激情澎湃，并且准备好出发了。这个故事说明仅仅一个声音就可以产生影响。这是奥巴马在竞选总统期间多次讲到的一个故事。

那么，我们为什么不多用故事呢？好吧，如果你有一点悟性，从现在开始你就会用。事实上，许多演讲者都会避免使用故事。我认为有几个原因。

第一，错误地认为故事是为孩子们准备的。故事通常被视为一种娱乐形式，而不是教育形式。问题是，教育为什么不能娱乐化呢？

第二，认为人们不喜欢使用故事。当你说"让我给你讲一个故事"时，或许会显得没什么可信度。确实，如果你在演讲开始时说"很久以前，在一个遥远的地方，住着一位美丽的公主"，那么你可能很难吸引到会计大会上的听众……或者任何四岁以上的人。

第三，想不到应该使用故事。我们忙于尽力把幻灯片弄好，或者专注于演讲内容，以至于完全忽视了如何用一种有吸引力的、令人难忘的方式传达我们的信息。

第四，大多数人甚至不知道如何把好故事放在一起。

第五，大多数人没有意识到故事的力量以及故事对我们大脑的影响，更不知道这是有科学根据的。

那么，你如何能把更多的故事融入你的沟通中呢？

首先，要知道你甚至不一定要用"故事"这个词。不要告诉别人你要给他们讲一个故事，直接讲故事内容就好了。例如，以下有一些可以参考的开场白，可以用它们来开始一个故事。

"上周，我碰到了一位客户。他告诉我的事情可能会让你大吃一惊。"

"我的第一份工作，尤其是我第一天管理生产线上的一群人时的情景，令我至今难忘。"

"我的一位朋友告诉了我一件他在去年夏天度假时发生的事。"

我曾给听众讲述过一段关于我儿子学医的故事。

"你们多少人有孩子？"然后我等着听众举手示意，接着补充了一句，"我不是指在桌子底下……"（尝试低级的幽默），之后，我会简单地表演着他们弯腰在桌子底下和孩子交谈，"这是一个 iPad，我一会儿给你换尿布。"相信我，你看到我这么做会更有趣。

然后，我就直接开始讲我的故事。

我儿子马特当时 15 岁，有一天，他放学回家说："爸爸，我想成为一名医生"。

我解释说我对儿子的这个职业选择感到惊讶，因为我从之前的谈话中了解到他讨厌生物学。接下来是故事的关键时刻。

爸爸，我们有了一名新老师，她姓肖（Shaw）。肖老师要比我以前的老师严格得多。事实上，有些同学甚至不喜欢她。但是因为她很严格，我们实际上从这门课上学到了一些东西，而且她对这门课真的充满了热情。

然后，我谈到了他要想进入医学院面临的挑战，因为医学是全世界最难的课程之一。在短暂停顿之后，我继续讲述。

我的孩子现在 22 岁了。今年是他学医的第五个年头。当我讲述肖老师的故事时，我意识到我从来没有见过她。所以，不久之前我给她寄了一张卡片。

然后，我解释了我在卡片上写的内容，包括"我告诉所有人您是医学博士 M.D.——'有影响力'，因为您是我儿子想要成为医生的催化剂，我只想说一声谢谢"。

故事还在继续。"肖老师给我回了信……"我接着告诉听众她给我回复的内容，而且我特别注意了她的结束语。"您的卡片让我很感动……"结束时，我没有说"所以这个故事的寓意是……"我只是简单地说了接下来这句话："永远不要忘记向别人表示感激之情的影响力和重要性。"

相信我，这是一个很有说服力的故事，它强调了一个人的力量以及他们对别人生活的影响。

这是我希望你能做的。要知道故事的整体思想以及何时使用它们。留意你自己生活中的故事。事实上，你可能在不知不觉中讲过它们。

例如，当你在面试中介绍自己的职业生涯，并突出自己的一些成就时，你就是在讲你的故事。当你总结公司上一年度的财务状况时，你是在讲述关于去年财务状况的故事。有时候，你在讲一个大故事，但你也可以用一些小故事或者轶事和例子给你的信息添加几分色彩和背景信息。例如，大故事是你过去 15 年的职业生涯。小故事是你的职业生涯中发生的具体事情。

因此，在准备下一次演说或者演讲时，首先要问你自己："这里的故事是什么？我将带人们踏上的旅程是什么？我的关键信息是什么？"

如何更好地讲故事

我希望你现在相信了讲故事的力量和必要性，故事不一定非得是幻想，也还可以建立在日常生活之上。然而，我确实认为，尽管到目前为止我们已经探讨了这么多，但是可能仍有一个因素会阻碍你使用故事。

也许，你内心深处认为自己不擅长讲故事。对此，我会告诉你一些技巧，帮助你提高讲故事的技能。如果你真的认为自己很优秀，那么我的方法仍然不变。

1. 艺术许可证

一个好故事的关键在于其蕴含的重要观点。在大多数情况下，你的目标不是按时间顺序叙述每一个细节，而是要一字不差地复述故事内容，并告知听众这个故事的来历。你是在讲故事，而不是在给一个谋杀案审判出庭作证。

我在这本书和我的演说中所讲的故事都是真实的，但前面那个肖老师的故事并没有 100% 准确描述我儿子想成为一名医生时发生的一切。我漏掉了一部分故事。例如，我是拜托一个朋友在那个学校上学的女儿给肖老师送贺卡的。但是，这个信息并不会给我的故事增加什么价值，只是不必要的细节罢了。

记住：（1）从你的故事出发，确保不是为了讲故事而讲故事；（2）思考故事的关键点。

我讲的故事的重点是，我们要记得向带来影响的人表示感激。它的关键点包括：

● 我儿子马特想要成为一名医生；

● 他不喜欢生物课；

● 他现在有了一位新老师；

● 肖老师严格而热情；

● 马特现在正在接受医师培训；

● 我送了一张卡片感谢肖老师；

● 我的卡片使她感到开心。

如果你有一个重要的故事要讲，那么我建议你按照相同的步骤去讲。相信我，写下关键点，对于清楚地表达故事很有帮助。

现在，我正好可以花两分钟时间来讲这个故事，但是你可能在不到 30 秒的时间内就能看完关键点。如果你不习惯讲故事，那这是一个很好的练习。记住，一个好故事没有必要太长。它不必非得是一部史诗。它可能是电影中的一个片段，而不是整部电影。所以，为什么你不找一个你可以讲述的故事，并写下你想要包含的关键点？

2. 给我们一些细节

我知道观看黑白电影会让人产生怀旧感，黑白照片也可能会唤起人们的回忆并产生一定的影响力。但是就讲故事而言，还是要带点色彩，告诉听众一些生动的细节。如果你的故事里有人，就给他们起个名字。我讲述的故事不是关于我的儿子和老师的，而是关于马特和肖老师的。我告诉了你马特的年龄，还包括肖老师的性格等细节。她很严格，以至于有些学生不太喜欢她。她对这个课程充满了热情。我没有描述她的长相，因为我从来没有见过她，但我可以给你提供一些关于她的性格的细节。

当你讲述一个故事的时候，在某种意义上说你是在脑海里重播一部电影。你的目标是帮助听众看到你知道的内容，在他们的脑海里创造出画面来。他们会填补一些空白，但是他们也确实需要一些细节。

3. 得到一些支持

故事讲得好就会让人印象深刻，产生影响力。它们可以鼓励人们采取行动，使他们以不同的方式进行思考和采取行动。它们可以帮助营造一种氛围，让人们坐起来倾听。我承认，有些人天生就擅长讲故事——不仅在工作环境中，在社交场合中也是如此。有些人可以在餐桌上侃侃而谈，真的会导致人们听得忘记了吃饭。要知道，故事在某些方面可以催眠我们，使人与人之间建立起深层次的联系。

并不是所有人都有这方面的天赋，但这不是我们甘于平庸的理由。当涉及沟通的影响力和作用时，这个技能太重要了。

你可以找个教练提升一下这个能力。你或许可以加入一个叫作"Toastmasters 国际演讲协会"的组织，该组织通过当地的俱乐部提供公共演讲技能方面的培训。至少，你可以完成我在本章前面概述的一些练习。你应该这样做，为了你自己，也为了听众。花些时间练习如何把故事讲好。

如果一个故事值得讲，那它就值得好好讲。

确保你的听众听到的故事不是你第一次大声讲出来的。练习大声地讲出来。你可以对着猫讲，对着狗讲，对着镜子讲。一定要确保你习惯讲这个故事了。

伊索留下了丰富的遗产。无论是有意的还是无意的，耶稣设法开创了现在世界上信徒最多的宗教。故事真的很有意思，如果你聪明的话，你就会设法使用故事的。

想一想你认识的擅长讲故事的人。是什么让他们成了如此有吸引力的沟通者？你能从他们身上学到什么？你与他人交流时，你会在多大程度上去有意地使用故事？下一次如果有机会，你会用故事作为你的沟通手段吗？

我的总结

如果你想让人们真正地去听你演讲，那就讲故事吧，但是要好好讲。你如何才能通过故事更有效地沟通呢?

在讲故事之前，你可以：

· 寻求支持；

· 开始大声练习；

· 完成本小结的所有练习。

方式 8 用提问牢牢抓住听众

当探讨如何使沟通更有影响力、更有效时，人们往往会忽视提问的作用。我们处理问题的方式对我们的成功至关重要。并不是每次会议或者演说都有提问时间，如果有提问时间，但处理不当的话，那么只要几秒就会让你的信誉崩溃。

当回忆起自己担任英国首相的时光时，托尼·布莱尔总能回想起他在首相提问时间经历的无数次挣扎。他认为他担任首相的成就之一就是将提问时间从一周两次变成了一周一次。在他的自传中，他描述了自己在提问时间做准备时感到的焦虑和结束后感到的解脱。对于一个被看作自信的沟通者的人来说，我发现这一点非常有趣。

托尼·布莱尔以及其他无数政治家和演说家都不喜欢提问，一个最重要的原因就是担心失控。你几乎不能控制你的演说或演讲中的这一部分将如何展开。也许会有出其不意的困难或问题潜伏在暗处，处理水平决定着你的整体信息能有多少被接收。如果处理得好，那你的回答将有助于进一步论证你的观点，强化你的信息，证实你的可信度。如果处理得不好，那你之前所有的努力都会毁于一旦。

现在，除非你拥有绝对控制权，有一群与完全服从领袖的人一样顺从的听众，否则你真的无法保证提问时会发生什么。这种无法控制的感觉很糟糕。不过，好消息是，你也可以做一些计划和准备，尽最大可能弱化提问时的压力，将其变成积极的经历。这就解释了为什么托尼·布莱尔以及他的前后任花费了那么多时间为首相提问时间做准备。他们认识到，如果不这样做，那后果将是毁灭性的。

你可以做些什么来为提问时间做准备呢？在我参加过的一些演说中，听众都会事先被告知要提什么问题。这当然有助于演讲者保持一定程度的控制感，一旦有人问了一两个计划好的问题，就可以帮助演说者放松心情，但也经常会刺激和引发其他人提出未安排好的问题。

如果你采取这种方法，那就要确保这些问题具有一定的可信度，并且看不出是事先安排的。例如，"你是否认同我们是一个了不起的组织，由能力非凡的领袖领导，在这里工作的员工应该对此表示感激"这样的问题大概会让大部分人觉得不舒服。

如果以上做法不在考虑之内，那你还能做什么呢？这里有五个建议。

在可以提问的时候沟通

无论是你还是任何主持会议或活动的人，都需要让人们知道他们什么时候可以提问。在小型会议上，听众一般都被鼓励在演说过程中提问，但对于更正式的大型演说来说，提问通常被安排在演讲快结束时。

说明有多长时间可以提问

如果时间安排不好，演讲者就可能完全失去控制。我见过有些会议拖延和超时纯粹是因为主办方没有为提问时间设限。提问结束时间不应该由听众来控制，而应该由演讲者来控制。一定要设定一个时间限制，这样做对你和听众都有好处。

预测难题

几年前，我在一家大型再就业公司上班，工作职责就是帮助人们成功再就业。我开设了一个为期两天的面试技巧课程，一位同事负责进行模拟面试。我会问小组成员，他们在面试中最讨厌被问到哪个问题。我永远也不会忘记其中一个叫安迪的组员的回答。安迪坦言："我讨厌他们问我'你的缺点是什么'。"

　　这确实是许多面试官喜欢问的问题，尽管它通常与"你的优点是什么"同时被问到。这个问题很有趣，不过，回答的质量也决定了我们到底能不能得到这份工作。"坦白地讲，我比较缺乏团队精神。我很懒惰，没有什么干劲或者野心。我一直与在愤怒情绪做斗争，在压力下我比较容易崩溃。"这种回答肯定会让面试戛然而止。尽管你可能会因为诚实而获得最高分。

　　"那么你应该怎么回答这个问题呢？"我问。"我希望他们不会问这个问题。"他回答道。

～～～～～

　　当谈到自信地处理问题时，"希望如何"并非一种明智的策略。

～～～～～

　　因此，列出一些你可能会被问到的难题。假如你是听众，无论出于什么原因，你想给演讲者一个富有挑战性的时间，那你会问什么问题呢？如果你不确定，那就问问别人。一旦你确定了一些问题，就开始准备答案吧。当然，你可能还是会遇到一些出乎你预料的问题。不过，当你花时间考虑和理解了听众的需求后你就能预测到大多数问题。

保持诚实

即兴发挥时，你的回答很容易变成胡扯。所以，当你不知道一个问题的答案时，那就实话实说，比如"我对这方面的实际情况并不完全了解。不过，当我知道答案后，我会很高兴回复你"。然后，迅速转换到下一个问题。事实就是你不可能知道每个问题的答案，承认这个事实吧。要自信又快速地处理这种情况。不要不厌其烦地解释，不要突显你的无知。承认你不知道的，主动跟进，然后继续下去。

下面是我在不知道问题答案时采取的处理方式。

在我以前的演讲中，我提到了一个俗称"巴普洛夫的狗"的实验。这是一个揭示狗如何对某种刺激做出条件反射的例子。我想说的是，人类同样可以以一种特定的方式对环境和刺激做出条件反射。一位听众打断我的话问道："这只狗是什么品种的？"也许这对他理解这项实验至关重要，我不知道——尽管我怀疑不是。我的回答如下：

这是一个很有意思的问题，以前从来没有人问过我。说实话，我不确定这只狗的品种。我会查一下，然后再回复你。谢谢你的提问。

如何化解没人提问的尴尬

除了被问到一个你不知道答案的问题，你还可能碰到另一种尴尬的情况——没有任何人提问，迎接你的是死一般的沉默。当你继续站在寂静中时，你的内心可能会五味杂陈。你可能会感到解脱，特别是当你不期待有人提问的时候。没有问题，意味着你可以结束你的演讲了。即便如此，这样结束肯定不会让你或你的听众感到兴奋。这会让你错失阐明或强调你的一些观点的机会。

但是，如果你期待有人提问却一个提问者也没有，那怎么办？这是什么意思？难道你的演讲让听众感到索然无味？或者，也许他们正处于痛苦之中，非常渴望喝杯咖啡或聆听下一位演讲者的演讲来缓解一下痛苦，却还要忍受你无聊的演说。你的信息可能并非听众所需，而且正如你所预料的，没有人热衷于了解更多他们不感兴趣的东西。

当然，没有人提问也可能是因为你的演讲如此出色，讲述了所有的关键点，以至于人们真的没有任何问题了。事实是，无论是什么原因，演讲结束时没有任何提问都会造成紧张感，并让人感觉演讲结束得有些仓促。

那么你能做什么呢？很简单，简单到你会震惊竟然没有多少人采用这种方法。

如果你的听众没有问题，那么你就先问自己第一个问题。你的问题应该是："现在我有五分钟时间来回答问题。谁要问第一个问题？"

停顿。环顾四周的听众，与他们进行眼神交流。有些人在别人面前讲话会有点害羞。进行眼神交流和微笑更有可能鼓励他们。然而，如果似乎没有任何人要提问，那你就说："经常有人问我这样一个问题……"

然后，继续揭示问题。这句话打破了沉默，让你看上去掌握了控制权，解决了"谁会是第一个提问的人"的尴尬问题。相信我，如果你这样做，那么一旦你回答完自己的问题，听众在提问时就会感到更舒服。相信我，这句话一定会奏效。

停下来思考

你是否曾把问题作为演说的一部分？如果是，那你目前是如何准备的呢？你能理解托尼·布莱尔在解决问题时的感受吗？或者你感觉更有信心了吗？如果你目前在与他人的沟通中没有设置提问时间，那加上提问时间会有好处吗？

我的总结

　　与他人交流时，你处理问题的能力至关重要。如果你处理得好，那么它真的可以成为你闪耀光芒、建立信誉的机会。如果你不使用本章包含的所有策略，选择一个你会在未来使用的策略。

　　需要提醒你的是：

1. 在可以提问时沟通；
2. 说明有多长时间可以提问；
3. 预测难题；
4. 保持诚实；
5. 如何化解没人提问的尴尬。

03

第三部分
很高兴你提问

How to Speak So People
Really Listen
The Straight-Talking Guide to
Communicating with Influence
and Impact

问题1　在演讲之前可能摆脱紧张感吗

说实话，完全摆脱紧张感是不可能的。最主要的是，我不确定你是否真的想要摆脱紧张感。

关键是要学会如何控制你的紧张感，而不是被它们控制住。

最近，我的一位学员对我说："如果我手上有一杯酒，我给人演讲时就没问题。"好吧，这可能会使他平静下来，但是当无法喝酒的时候，以下七个建议会帮助你管理好你的紧张情绪。

1. 记住，紧张是正常的

如果你不经常演讲，或者你是第一次给你想要留下深刻印象的人演讲，那你可能会感到特别紧张。要知道，人类喜欢做有把握的事情，所以当进入一个新环境或者陌生的环境，有可能失去控制时，我们必然会感到紧张。这只是我们的本能反应而已。

紧张会使你时刻保持警觉，警惕新环境中的潜在危险。当肾上腺素和皮质醇释放到你的体内中时，你会感到紧张，并体验到"七上八下"的感觉。

现在，与其和这些感觉做斗争，不如接受它们，承认它们是正常的。这是你的身体对所处环境的自然反应。正如作家罗伯·贝尔所说："与蝴蝶交朋友。"我喜欢这句话。

紧张表明你在适应生命。拥抱它们。不要与它们抗争。

但是，人们对"紧张"这个词的负面看法太多。有一个观点就是，当你感到紧张时，你的体内会释放出大量的肾上腺素，所以或许可以用"兴奋"这个词来描述你的感觉，而不是"紧张"。"兴奋"有很多积极的含义。是的，你可能仍然会感到紧张，但是你换了一个更有力量的词来形容你的感受，这本身就可以帮助你增强自信。

2. 管理大脑中的脚本

大脑是一个不可思议的硬件。然而，请注意，它无法区分真实事件和生动的虚拟事件。所以，如果在演说之前你想象你的大脑出了问题，你的大脑就会做出反应，仿佛这种设想真的发生了一样——这种状况有时会被称为预期压力。

我想再次强调一下，这是一种正常的反应。不过，有个好消息是，你可以影响你脑海中的故事情节的紧张感和生动性。

大脑中的脚本出错显然是没什么好结果的。如果你想避免你脑海中糟糕的演讲成为现实，那就把它想象成模糊不清的焦点和有着黑白相间的色调？或者更好一点，想象一下演说进展得很顺利。对未来事件的积极预测实际上会让你感觉更平静。当我发现我有自我逃避的倾向，开始创作自己的"灾难画面"时，我使用的一种技巧是：随时喊"停"。

3. 将注意力集中在听众身上

我们的紧张感可能会持续存在，因为我们潜在的问题可能是"人们怎么看我"。如果是这样，那我们的精力就集中在内心，这会强化我们的焦虑感。"我怎样才能更好地帮助我的听众呢？"这个问题更有效，它会转移我们的精力和注意力。你的大脑一次只能容纳一个想法。所以，当大脑忙于思考这个问题时，担心和焦虑就少了。

4. 做好准备

　　如果你没有准备，没有使用本书中提供的建议，那你很难不感到紧张。如果你的演讲很重要，而你却没有花时间去准备，那你越来越紧张也是可以理解的。有些人采取的方法就是说服自己，自己所做的并不是什么大不了的事，完全可以随机应变。这样可能会让你掉以轻心，对你做好充分的心理准备没有太大的作用。所以，多做一些准备（包括大声练习），这样可以缓解你的紧张情绪。

5. 制订应急计划

　　紧张可能源于你担心事情会出错。你猜怎么着？有时候事情偏偏就会出错。正如我最近所做的，预想幻灯片无法展示时怎么做才是明智的。如果你去外地演讲，就要预料到交通延误和停车困难的问题。这并不是什么消极的态度，而是在提早准备应急措施。

　　制订备份计划和做好最坏的打算意味着你在减少（你永远无法完全消除）可能出现的意外情况。

6. 客观看待（换个角度）

在你看来，这可能确实是一个重要的演讲。能不能得到一份新工作或者获得晋升可能就看它了。如果事情进展得不顺利，最坏的情况可能就是你看上去或者自己感觉有点愚蠢。

如果真的发生了这种情况，那就花点时间看看镜子里的自己。没错，你会发现你还活着。有没有可能在人类历史上的某个时候，某个人的感觉甚至比你现在更糟糕？如果你搞砸了，那有没有可能有人会把事情搞得更糟？

现在，你感觉好多了吗？即便没有，这也有助于你正确地看待自己身上发生的事情。在许多方面，我们都需要克服自己的负面想法。宇宙不是围着我们转动的。房间里的所有目光在某个阶段可能全都集中在我们身上，但是现在已经不在了。其他事件很快就会占据人们的注意力。

在 2015 年的环球小姐大赛上，主持人史蒂夫·哈维宣布错了冠军得主。你会相信吗？他把皇冠戴在了错误的参赛选手头上。史蒂夫是一个经验丰富的主持人，但是他把冠军得主宣布成了哥伦比亚小姐，而不是真正的冠军得主菲律宾小姐。他会因为这样的错误而被人们记住吗？绝对会。那么他要被判刑了吗？不可能。在事情发生后的几周内，他会为此感到难过吗？可能。毕竟，他是一位专业人士，他非常在乎自己所做的事情及其造成的影响。

但在承担了责任、道过歉并改正了错误之后，我相信，他总有一天能够坦然地回顾整个事件。如果他问自己："在这种情况下，我能有什么积极的补救措施呢？"我认为他会想出很多办法。如果没有这样的错误，我甚至都不知道比赛已经开始了（事实上，我和其他几百万观众都不知道）。在这之前，我从来没有听说过史蒂夫·哈维，但因为这个错误，他现在获得了更高的知名度。

无论你要做什么，在演讲或面试方面，你都要客观地对待。

7. 放慢你的呼吸

当我们焦虑的时候，我们的呼吸通常会变得快而短促，这会使我们的心率加快，进一步刺激我们的神经。因此，我们需要学会控制自己的呼吸。想想看，你见过极度焦虑的瑜伽老师吗？

但是，你不一定要在演讲之前打坐来安抚你的神经。你只需要正常吸气，慢慢呼气就可以了，甚至你可以"深呼吸"（但不要憋得太久）。关键在于呼气。慢慢享受，慢慢呼吸，当你这样做的时候，你会发现你的心率也在开始减慢。你开始放松下来了。

当谈到管理你的紧张感时，还有最后一个方法。你很可能正在经历心理学家所说的透明幻觉。当你高估你的紧张感时，这种情况就会发生。事实上，你的紧张感很少像你想的那样明显，我称之为"平静鸭综合征"。鸭子表面看上去很平静，但是它们的脚掌却在水下疯狂地划水。所以，放轻松点，你的听众不太可能知道你实际上感到多么紧张。

停下来思考

当你和别人交流时，你会感到紧张吗？如果会，在哪些情况下是这样呢？

如果你容易神经紧张，那我建议你再读一遍这一章。不要希望借助什么药物来让你放松，而且过度放松实际上会影响你的表现。所以，你一定要消化前几页探讨过的内容。

我的总结

在本章中，我们探讨了七种更有效地管理你的紧张情绪的方法。确定你会关注哪一个，以确保你处理好紧张感而不是受制于它。

1. 记住，紧张是正常的。

2. 管理大脑里的脚本。

3. 关注你的听众。

4. 做好准备。

5. 制订应急计划。

6. 客观对待（换个角度）。

7. 放慢你的呼吸。

问题 2 在演讲中表现出幽默合适吗

当与他人交流时，我相信适当添加点幽默感是合适的，而且在某些情况下，演讲非常需要幽默感。幽默实际上会成为听众记住你并与你互动的重要因素。但是小心，不该幽默或者幽默表达得不好会放大你的错误，这样被人记住显然不太好。

我听过上百场演讲，根据我的经验，人们很难记住没有一丁点幽默感的演讲。当然，在管理者宣布裁员或者其他一些坏消息时，试图显得幽默是非常不合时宜的，甚至是带有冒犯性的。但是，还是有很多场合需要表现得幽默点。为什么幽默会这么有用呢？让我们来探究一下。

一般情况下，当某人遇见你时，他的潜在问题是：他是朋友还是敌人？从你的目光落在他身上那一刻起，他的大脑就会快速地做出初步判断。

人们会注意你的面部表情，尤其是你是否在微笑。当我们和陌生人打招呼时，我们常常会微笑。一些专家表示这是我们从祖先那里学到的一种习惯，他们微笑的时候基本上是在说："我是友好的，我没有打算把你的家人当作奴隶，也不想把你在山羊奶中活活煮死。反正在这种场合不行。"

所以，当你试图用幽默策略让一些人大笑的时候，打个比方，他们不仅仅会张开嘴（露出牙齿），而且还会敞开心扉。要知道，幽默会使人放松警惕。当人们大笑的时候，大脑中会释放出内啡肽——一种使人感觉愉快的化学物质。当人们放松的时候，他们感觉不到威胁，因此更容易接受你的信息。正如美国喜剧演员克里斯·布利斯（Chris Bliss）所说："笑声可以把墙变成窗户。"

这是一种让人放松的极其有力的方式，也是让人们快速喜欢你的方式之一。如果你想让人们真正地听你演讲，那这就是你要做的。

幽默有助于释放紧张情绪，建立联系，让人们更容易接受你。

正如作家肯·罗宾逊（Ken Robinson）所说："如果他们在笑，他们就是在听。"很好。如果你天生就是一个幽默的人，似乎拥有让别人笑起来的天赋，那就太好了。但是如果你缺乏幽默感，那该怎么办呢？我相信也有办法弥补。我相信让你的交流显得幽默点是可能的。在我们考虑你该如何做到这一点之前，有一些事情需要注意。

还记得"调整你的态度"那一章吗？那一章的整个前提是你的态度很重要，保持正确的态度。换句话说，开口之前要先敞开心扉。如果你现在的心态是"我没有幽默感，而且永远不会有"，那实际上你的感觉没错。

如果你对听众的态度是"他们是一群可怜的人，从不会因为任何事情而发笑"，那你的感觉依然是对的。如果你认为你在谈论的话题是"这地球上最枯燥、最无聊的话题"，那它就是如此。

明白我的意思吗？你必须把你的心灵之门稍微推开一点，这样你才能相信往你的信息里加入一点幽默元素是可能的。请注意我说的是"幽默"而不是"讲笑话"。我因幽默的演讲风格而闻名。事实上，我喜欢让人们笑。但是，我不擅长讲笑话。事实上，比不擅长更糟糕。问问我的孩子就知道了。

我不仅能毁了一个笑话，而且还会完全忘记它。因此，我不讲笑话——我给你的建议是除非你非常擅长讲笑话，并且几乎可以确定你的听众会笑，否则你也不应该讲什么笑话。讲笑话是一门艺术，它其实比看起来要难得多。

所以，如果大多数情况下，笑话不在计划之内，那么你该怎么办呢？以下列出了一些选择。

1. 讲述有趣的故事

大多数人经常会在他们的日常生活中经历一些有趣的事情。如果你会在晚餐时把故事讲给你的朋友听，或者在餐厅吃饭时讲给你的同事听，那么它就有可能在你的演说中使用。倘若它符合以下标准：

- 当你讲述这个故事时，听故事的人是喜欢的，或者至少在微笑；
- 这个故事不仅有趣，而且和你的信息有关；
- 想想那些听你讲笑话的人，给他们讲这个故事时你舒服吗？他们是容易被冒犯的人吗？

如果你在向陌生人演讲，那么也许可以使用一个你相信大多数人都会觉得有趣的故事，要知道听你演讲的人可能是形形色色的。发生在旅行或者你朋友的单身派对中的故事可能是要为特定观众保留的。你和家人购物时发生在你身上的故事，或者你工作中发生的事件，可能更有吸引力。事实上，我鼓励你去记录发生在你身上的趣事——你永远不知道你什么时候可能想用它们。

例如，我讲了一个我在一家食品生产企业管理 30 名女员工的故事。这些女员工在生产线上制作低价牛肉汉堡。

我告诉听众："我从这个经历中吸取了两个教训。第一个，不要吃便宜的牛肉汉堡。"然后我停下来等待反应，因为我想给他们留一些时间理解我所说的话。它确实可以让一些人发笑。回顾我之前的观点，我开始注意一些人的牙齿——他们在微笑。我很少遇到听众没有窃笑的情况。我并没有把这当作一个玩笑；我只是把它当作我背景的一部分。他们的沉默对我来说并不意味着要结束了，而是提醒我，我需要注意以后在面对挑剔的听众如何使用幽默元素。

那么，如果你想知道哪些故事是最幽默的，我可以告诉你，它们通常是在拿你开玩笑。当英国网球选手安迪·穆雷（Andy Murray）在 2015 年获得 BBC 年度体育人物奖时，他在获奖感言中讲了一个真实的故事。

他回忆起听到一些人说和自己在一起的时光，就像在沃辛市度过一个周末。对于这些相当有讽刺意味的话，安迪的回应是："公正地说，我觉得说像在沃辛就有点苛刻了。"这就是一个拿自己开玩笑的完美例子。拿自己打趣不仅能让听众放松，而且似乎也能让他更讨人喜欢。

所以，讲故事是一种增加幽默感的方式。

2. 剪辑视频，使用有趣的图片

你可以展示一张滑稽的图片或者一段视频片段，但应确保这个片段不要太长（绝对不要超过两分钟）。如果你在图片上添加文字，那么文字的大小和粗细要足以让每个人都看到。由于幽默可能是主观的，因此在播放一段视频时，请记住，用一种低调的方式介绍这段视频更稳妥，而不是说"你将看到一段非常搞笑的视频"。也许视频很搞笑，但如果其他人不觉得有什么好笑的，那你就制造了一个尴尬的时刻。视频是不是滑稽好笑取决于你的听众，所以最好不要过分吹嘘他们将看到的内容的影响。

3. 使用引语

引语是给信息添加幽默元素的一种简短方式。我经常使用的一个引语并不是特别有趣，但有些人觉得视觉图像很有趣。"如果你在白费劲，那就放弃吧。"

现在网上确实能找到成千上万条幽默语录。我认为，在搞笑程度上，有一些语录的幽默程度比其他的要高，记住幽默是非常主观的。但是通过使用幽默，你至少可以让气氛变得轻松一些。

相信我，引语的选择是多样的。记住，不是每个人都会觉得它们是有趣的。没关系，你的目标是试着添加一些幽默元素，你不是为你的系列电视喜剧试镜。

如果你说了一些你自己觉得有趣的话，却完全没有得到任何回应，那你怎么办？

你要做好心理准备。有时候，你的幽默尝试甚至可能不会产生一声窃笑或礼貌的假笑。我从未遇到过这种情况，但它确实会存在。幸运的是，我已经做好了准备；有趣的是，我对这种情况的反应通常会引起笑声。当我的幽默遇到死一般的沉默时，我经常会用以下几句话：

- 这并不是为了搞笑，从反应判断明显不是。
- 这是为了得到一个无声的笑声……而且似乎奏效了。
- 对你们这些好奇的人来说，这是一种幽默的尝试。
- 这在彩排中效果更佳。

幸运的是，我很少用得上它们，但是准备一些回应很有帮助，可以备不时之需。如果你一定要选择一个你会使用的，那会是哪一个？如果你能想到你会用的任何一个，或者你听说别人用过的，请告诉我。

正如我之前所说的，幽默是非常主观的。一些人可能和我一样——他们觉得事情很有趣，但是你无法从他们的脸上看出来。真的,我确实经常笑,不过是在心里笑。有的人则相反,笑的时候一定会露出牙齿,开怀大笑。

在结束关于幽默的使用这一部分时,以下几点值得我们反思。做报告或者发表演讲就像为某人准备一顿饭。首先,你要了解你的听众。给讨厌辛辣食物的人提供一份印度菜是没有用的。即使你把菜做对了,你也要去考虑你使用的食材(也就是说,你要为客户来定制你的信息)。幽默就像其中一种食材。适量使用有助于为演讲锦上添花,但也要切记,有些时候一定要"谨慎使用"。如果你不确定如何使用幽默,那就忽略它。

┃停下来思考

有人会觉得你太严肃了吗?在你与他人交流时,你使用过幽默吗?如果没有,是什么妨碍了你?想想你与他人交流的一些语境——是不是增加幽默元素之后效果大不同了?如果是,为什么?或许是时候在工作场合表现出幽默感了,尤其是当人们承受着巨大压力的时候,他们会非常欢迎轻松的氛围。你觉得怎么样?

我的总结

幽默可以让你的信息更有吸引力，更令人难忘。要让演讲变得幽默，可以从以下几个方面着手：

· 讲有趣的故事；
· 播放视频片段和有趣的图片；
· 使用引语。

你会使用以上哪种策略来帮助你提升沟通的影响力和冲击力？

问题 3 沟通时肢体语言有多重要呢

当我们思考关于肢体语言的问题时，很容易只关注明显却肤浅的观点，比如，"你应该用什么手势"和"保持良好的眼神交流"。尽管眼神交流和手势很重要，但我想先从我们沟通时的一些更深刻、更重要的层面开始。

我们之前提到过"调整你的态度"，但我想再重复一遍。事实上，你对你的话题以及听众和你自己的态度会影响你的肢体语言，这种影响可能远远超过你能意识到的。

为了使沟通产生影响力，起到作用，理解我们的思维和身体之间的联系至关重要。它们实际上有着密不可分的联系，并以我们很多人不知道的方式相互作用着。遗憾的是，很多书把肢体语言视为单一的元素，仿佛它是孤立存在的，与你脑海中的想法并不相关。在我看来，这种方法相当无用。

想象一下这个场景。你和朋友在咖啡馆里轻松说笑。你讲述了那个星期在工作中发生的一件有趣的事情。现在，画面定格在那里。就在那一刻，你意识到你的肢体语言了吗？可能一点也没有。要知道，在那一刻，你感觉很放松，和朋友在一起，你有说不完的话。如果没有肢体语言大师的任何指导或者建议，你很可能就会展现出轻松自信的样子。不是吗？

你的肢体语言不仅与身体有关，还与你脑海中的想法和你的感受有很大关系。所以，为了解决你的肢体语言问题，你必须先解决你的心态问题。

例如，如果你要在一次活动上发言，但你却不想待在那里，感觉很有压力，并且想尽快结束，那么这会通过你的肢体动作反映出来。有意思的是，你的肢体动作不仅仅会向你的听众传递信息，它也向你自己传递了一个信息。

现代心理学之父威廉·詹姆斯认为，你的姿势、呼吸和面部表情管理都受到你的思维、感觉和行为的影响。虽然詹姆斯已经离开人世 100 多年了，但哈佛大学社会心理学家、副教授艾米·卡迪（Amy Cuddy）的研究成果将詹姆斯的观点带入了 21 世纪，并以科学研究为基础。

读完这本书后，你可以访问一下 TED 网站。然后，在搜索栏里输入艾米·卡迪的名字，观看她的演讲视频《你的肢体动作塑造了你的形象》。在这段视频中，卡迪提出了许多重要的观点——正如她在《高能量姿势：肢体语言打造个人影响力》(*Presence: Bringing Your Boldest Self to Your Biggest Challenges*)一书中所说的。所以，请一定记得观看这个视频，你会发现你花的这 20 分钟时间是极其有价值的。

为了激起你的兴趣，让我来为你提炼一些她的观点，因为她所说的话能让你成为更自信的沟通者，这对你而言是无价的。

她给出的关键信息之一就是：当我们自信地行动时，我们会感到更加自信。有趣的是，卡迪的研究显示，你的身体，尤其是你的动作，会影响你的感觉。威廉·詹姆斯用另外一种方式明确表达了这一点。"我不唱歌是因为我不开心，我开心是因为我唱歌。"

简而言之，自信受到你的心态和肢体动作的共同影响。正如它听起来的那样简单，如果你想要感觉更自信，就要表现得更自信些。

要知道，有可能你遵循了我在如何处理你的紧张感一章中概述的所有技巧，但你感觉自己仍需要努力控制紧张感。最终，能改变你的感受的还是自信的行为和表现。现在，不要只依靠这种方法而忽略我概述的所有其他观点。

我们要学会带着一定程度的自我怀疑去生活，但要把它看作你的伴侣，而不是你的主人。换言之，一定要把它放在汽车的后座上，而不是驾驶座上。如果你不这样做，任由自我怀疑支配自己，那你就扼杀了自己的声音。从身体的角度来看，你真的会缩小。正如卡迪所描述的，缺乏自信或者权力感的人真的会让自己变小。他们会尽量站在低处，无精打采，双目低垂，避免目光接触。他们向听众传递了这样一个信息："我不想待在这里。"而卡迪的观点是，听众也在向自己传递同样的信息，因此，这会进一步削弱演讲者的信心。"

那么，我们需要做什么？我们需要做的就是要表现得自信。这听起来很简单，但实际上意味着什么？

要记住士兵们是如何站立的：站直、抬起下巴、肩膀后仰、双腿分开。如果你也这样站立，你不仅会看起来更自信（想想看，一个士兵最不想做的一件事就是面露惧色，即使他们真的很恐惧），而且你也会开始感觉更加自信了。

在动物界，从孔雀到黑猩猩，如果它们想要展示自己的力量，就会使自己的身体变得更大。艾米认为我们也应该这样做。不是为了看起来占主导地位，而是为了看起来更自信。相信我，人们想信任你，但是当你的肢体动作显示出你似乎不相信自己时，他们也就很难相信你了。

休·格兰特这个笨手笨脚、略显迟疑的电影角色在某种程度上是很讨人喜欢的，但你真的喜欢有人一直表现得像他那样吗？

所以，回到身和心的联系，把它们的关系想象成两个交际舞演员的关系。卡迪的研究显示，如果让你的身体成为主角，那么你的感受就会自动跟随。或者换一种说法：正确的感觉伴随着正确的行动。

为了帮助你以一种更自信的方式行动和表现，请思考以下问题的答案：

● 一个感觉自信的人在你的处境下会怎么做？

● 他们看起来怎么样？

● 他们会看向哪里（我会给你提供一条线索——不是地面）？

● 他们会用他们的面部特征来描绘什么信息（是微笑吗）？

● 如果他们握手，他们会怎么做？

请记住，这是一个双管齐下来展现信心的方法。你的目标是要显得自信，而不是吓人。所以，过度的眼神交流是不行的。它要么会被人们理解为调情，要么会被理解为试图控制他们。

同样，对你的听众的文化背景要敏感。我通常对我的肢体动作在一些国家会有怎样不同的理解很敏感，但我仍然会犯错误。我的伊朗听众非常礼貌地接受了我竖起大拇指的手势，但我后来得知这个手势相当于向西方观众竖起中指。

现在，我们在探讨非言语交流的影响时，不仅要考虑肢体动作，还要注意你的着装所传达的信息。

只注重第一印象可能很肤浅，但第一印象确实很重要。

如果有疑问，我宁愿在我演讲时盛装出席而不是随便穿些什么；但是无论穿什么，我都会意识到我是在向听众传达信息。现在，花时间考虑一下你希望自己的衣服给听众传达什么信息，同时考虑一下穿着它们，你感觉如何。

无论什么原因，如果你觉得穿着不舒服，那么就别穿。相信我，如果你感觉不舒服，就一定会影响你的肢体动作和你给别人的印象。同样，多留意别人穿什么，问问自己："我穿那件衣服好看吗？"从一个诚实的朋友那里征求关于穿着的建议。

谈到肢体动作，让我们从微小的动作转到重大的意义。我们需要把握身心的联系。我们需要表现出自信，即使我们最初没有感觉到。这样做的目的不是要欺骗别人，而是为了给自己最好的机会来为他人服务。

这来源于一种"我很高兴来到这里，我有话要说"的感觉，而不是"我为我的表现道歉，我知道我不值得你关注"。好的，我有点夸张，但是你明白我的意思，不是吗？

想要让沟通具有影响力和起到作用吗？想要人们真正地听你演讲吗？那么此刻就表现出来。别退缩。肢体放松，舒展开，微笑，并进行眼神交流。请记住，通过你的肢体动作，你在进行完整的对话。这些不仅仅是你与听众之间的对话，也是你与自己的对话。所以，要多注意那些对话，确保它们为你的信息服务，而不会阻碍你传递信息。

最后还有一个建议。注意听众的肢体动作。如果他们表情满是不屑或者不断有人走出去，这可能不是什么好兆头。

停下来思考

你清楚你的肢体动作对听众的影响吗？它对你自己的感觉有什么影响？你重视你的穿着吗？有人曾经告诉我，如果我向一位总经理推销，我应该打扮得像一位总经理。如果他们和你性别一样，这个建议很棒。想一想你的衣橱是否需要更新，你的肢体动作是否需要提升？

我的总结

你只需要采取一个行动：观看艾米·卡迪的 TED 演讲。

　　我们刚刚一起结束了我们的旅程。我希望这段旅行对你来说是值得的。快速回顾一下我们参观过的一些地方，目的是让人们真正地听你讲话。

　　我们从揭露"沟通的七宗罪"开始。下面让我们简要回顾一下。

　　1. 你的信息缺乏吸引力。确保用魔术贴显示了你的内容，而不是用特氟龙涂了一层。

　　2. 让人们陷入细节之中。精简你要说的内容。有时说得越少，影响力越大。

　　3. 未考虑或者理解听众的需求。要了解你的听众，而不仅仅是你的信息。

　　4. 关注特点而不是推销好处。一定要回答听众的问题："我为什么应该在乎？"

　　5. 即兴发挥。小心自满，甚至是傲慢。

6. 展示的幻灯片太糟糕。记住你是这个表演的主角——至于你的幻灯片，考虑是需要舍弃还是改进。

7. 毫无意义地东拉西扯。你一定要回答"你的观点是什么"这个问题。

我们旅行的主要部分集中在"沟通时让人们真正听进去八大方式"。让我们提醒一下我们旅行的一些观点和精彩部分。

1. 实事求是。在沟通中保持个性，记住和听众建立联系至关重要。

2. 调整态度。尤其是对你的话题、你的听众等的态度。

3. 清楚沟通目的。关注你想要人们了解什么、感受什么和做什么（KFD）。

4. 整理结构。如果没有结构或者方向，你的演讲就会垮掉。

5. 吸引观众的眼球。你需要从得到听众的注意开始，所以一定要在90秒内吸引他们。

6. 成为艺术家。让我们来画画，用文字、幻灯片，或者其他道具使信息变得更直观。

7. 学会讲故事。开始使用人类历史上最古老但最有效的沟通工具——讲故事。

8. 用提问牢牢抓住听众。处理好这些问题，就能提高你的可信度，并且提升你的信息增加影响力。

当你回想起那八个目的地时，你觉得其中有没有特别的亮点？或许，就像我们喜欢通过翻阅老照片来回忆一样，重温以及提醒自己我们一起旅行的一些关键的好地方是值得的，尤其是每一章末尾的"我的总结"部分。

最后，我们花了一些时间来探讨人们经常问我的关于沟通的三个问题。它们包括以下几个方面。

1. 在演讲之前可能摆脱紧张感吗？它们很正常，你可以用很多办法处理紧张感，而不是被它们抑制住。我给了你七个策略。

2. 在演讲中表现出幽默合适吗？当你放松的时候，你的听众会敞开他们的心扉和思想。

3. 沟通时肢体动作有多重要呢？我们需要意识到一个身心的联系，记住你的肢体动作给你自己传达一个信息——不仅仅是你的听众。

我们在一起的时间即将结束。我们所探讨的并不是一个如何沟通的精确方法，而是一套有助于让人们真正去听你讲话的原则和想法。希望你相信你有一些有价值的话要讲——你在阅读这本书时所发现的，有助于你从现在起讲话时拥有更多的信心和信念。

要知道，有机会向别人讲话或者演讲既是一种荣幸，也是一种责任。许多人认识不到这一点，因此，未能最大限度地发挥自己对他人的影响力和作用。有时候是因为无知，有时候是因为傲慢，偶尔是因为他们无法获得使沟通更有效的工具和想法。

如果你已经读到了这一点，我觉得你现在不仅仅意识到了你的特权和责任，还有你拥有的提升你的沟通技能的机会。从温斯顿·丘吉尔到巴拉克·奥巴马，有很多例子可以说明语言如何能够改变一个国家。你的抱负可能和那些人不太一样，但无论是私下交流或公开演讲，无论是在你的个人生活还是工作中讲话，永远不要怀疑你的话会对别人的生活产生的深刻影响。它们可能改变不了整个世界，但是可能改变某个人的世界。

从商业到政治，从教育到哲学领域，语言都很重要。它们能丰富、激发和挑战人们的思维。但是听众是充耳不闻还是敞开心扉，不仅仅取决于你说了什么，还取决于你怎么说。

对我来说，提高沟通技能实际上提供了一种改变的机会。在内心深处，我认为我们都是这样的。所以，抓住机会，努力发展这项技能吧。我们要拒绝做生活的旁观者。

根据我的经验，避免任何批评的唯一方法就是什么也不说，什么也不做。但我认为，避免忍受一丝一毫的批评并不在我们的故事脚本里。

我希望阅读这本书能成为你取得更多成功的跳板，让你发表演讲，用作家兼演讲者罗布·贝尔的话开始讲话。

记住，有影响力和作用的演讲是对大多数人而言的，但这不是靠魔法实现的。

无论我们现在处于什么水平，通过努力和实践，我们都能取得进步。

接下来你会怎么样，决定在于你自己。但这里有一些建议，我希望对你有所帮助。

大胆点。有时候不妨勇敢些。最重要的是，要玩得开心。

无论我们的生活在未来是否会有交集，我真心希望你能成功地做出改变，我也真心地希望你演讲成功——人们能真正地倾听你的演讲。

祝你旅途愉快！

北京阅想时代文化发展有限责任公司为中国人民大学出版社有限公司下属的商业新知事业部，致力于经管类优秀出版物（外版书为主）的策划及出版，主要涉及经济管理、金融、投资理财、心理学、成功励志、生活等出版领域，下设"阅想·商业""阅想·财富""阅想·新知""阅想·心理""阅想·生活"以及"阅想·人文"等多条产品线。致力于为国内商业人士提供涵盖先进、前沿的管理理念和思想的专业类图书和趋势类图书，同时也为满足商业人士的内心诉求，打造一系列提倡心理和生活健康的心理学图书和生活管理类图书。

《提问的艺术：为什么你该这样问》

- 《学会提问》的实践行动版，风靡全美、影响无数人的神奇提问书，《看见》中柴静提问背后的艺术精髓。
- 一本教你如何通过富有技巧性的提问来提高沟通效率并提升自身影响力的书。
- 用具体的问题，真实的案例，为读者打造了一个提升提问技巧的实用宝典。

《优雅的辩论：关于 15 个社会热点问题的激辩》

- 阐述了关于十几个主要的社会热点问题的激辩，所有这些社会问题都存在着巨大的分歧和争议。
- 辩论中陷阱重重，稻草人谬误、美德伦理学、偷换概念、妖魔化对手只能加剧对立双方的矛盾与冲突，而不是找到解决方案。

《写作即疗愈：用文字改写人生》

● 通过日常生活中的一种简单的自我关爱练习，来发现（最终）摆脱困境，清晰表达，获得理想生活的力量。

● 本书将指导你如何使用这个能够给人生带来转变的工具。

《写作即思考：在写作中训练你的思维能力》

● 写作能力的提升要求有意识地训练思维，而思维的训练可以通过写作来达到。

● 本书中通俗易懂的写作风格和书中的实际案例，不仅能够让你领略不同的思维技巧和思维运用，还能对日常生活中常用的思维模式有更深刻的理解。

《底气：可持续的内在成长》

● 这本获奖图书揭示了驱动人们获得成功的关键动力和精神过程。

● 本书提供了你设定目标所需的所有工具，帮助你加强专注力，成为最好的自己。